PYTHON REGIUS

Der Königspython

Thomas Kölpin

82 Farbfotos
8 Tabellen
3 Grafiken
1 Verbreitungskarte

Terrarien Bibliothek

Natur und Tier - Verlag

Titelbild: *Python regius*   Foto: B. Love/Blue Chameleon Ventures
Umschlagrückseite: Links: Piebald-Königspython, rechts: „Albino"-Königspython
Fotos: B. Love/Blue Chameleon Ventures
Hintergrund: Schuppen von *Python regius*   Foto: D. Mahsberg

Die in diesem Buch enthaltenen Angaben, Ergebnisse, Dosierungsanleitungen etc. wurden vom Autor nach bestem Wissen erstellt und sorgfältig überprüft. Da inhaltliche Fehler trotzdem nicht völlig auszuschließen sind, erfolgen diese Angaben ohne jegliche Verpflichtung des Verlages oder des Autors. Beide übernehmen daher keine Haftung für etwaige inhaltliche Unrichtigkeiten.
Alle Rechte, insbesondere das Recht der Vervielfältigung und Verbreitung sowie der Übersetzung, vorbehalten. Kein Teil des Werkes darf in irgendeiner Form (Druck, Fotokopie, Mikrofilm oder andere Verfahren) ohne schriftliche Genehmigung des Verlages reproduziert oder unter Verwendung elektronischer Systeme verarbeitet, gespeichert oder vervielfältigt werden.

8. Auflage 2016
ISBN 978-3-931587-67-3

© Natur und Tier - Verlag GmbH
An der Kleimannbrücke 39/41, 48157 Münster
Tel.: 0251-13339-0, Fax: 0251-13339-33
www.ms-verlag.de

Geschäftsführung: Matthias Schmidt
Lektorat: Heiko Werning und Kriton Kunz
Layout: Sibylle Manthey
Druck: Pario Print, Krakau

Inhaltsverzeichnis

Geleitwort	5
Einleitung	6
Systematik	6
Der Name	6
Systematische Einordnung	6
Anatomie	8
Kopf	8
Körper	12
Innere Organe	12
Morphologie	12
Beschreibung	12
Länge und Gewicht	14
Vorkommen und Lebensweise	14
Verbreitungsgebiet	14
Klima im Herkunftsgebiet	17
Lebensraum	20
Lebensweise	21
Nahrungserwerb und Nahrungsaufnahme	23
Wachstum und Lebenserwartung	24
Fortpflanzung	24
Krankheiten, natürliche Feinde, Bedrohung durch den Menschen	25
Haltung	26
Vor der Anschaffung	26
Erwerb	26
Terrarium	28
Standort	29
Bodengrund	29
Beleuchtung und Heizung	30
Temperatur und Luftfeuchtigkeit	30
Einrichtung	31
Terrarienhygiene und Quarantäne	32
Regelmäßige Arbeiten im Terrarium	33
Fütterung	34
Probleme bei der Fütterung	37
Gesundheitliche Probleme und Verletzungen	38

Transport und Handhabung 39
Häufig auftretende Fehler bei der Pflege 40
Vermehrung 44
    Geschlechtsunterschiede 44
    Geschlechtsreife 45
    Fettzyklus 45
    Fortpflanzungsstimulation 46
    Kommentkampf 46
    Paarung 48
    Trächtigkeit 48
    Eiablage und Eiablagebehälter 49
    Gelege- und Eigröße 49
    Naturbrut 50
    Künstliche Inkubation 52
    Schlupf der Jungtiere 53
    Aufzucht der Jungtiere 54
    Fütterung der Jungtiere 55
„Königspythonpsychologie" 57
Farb- und Zeichnungsvarianten 58
Verwandte Arten 76
    Angolapython 76
    Felsenpython 78
    Bunt- oder Blutpython 80
    Tigerpython 82
Gesetzliche Bestimmungen 84
    Das Tierschutzgesetz 84
    Washingtoner Artenschutzübereinkommen 86
    EU-Artenschutzverordnung 86
    Gefahrenabwehrrecht – der Königspython als „gefährliches Tier" ... 87
Bestandssituation 89
Danksagung 92
Anhang 92
Literaturverzeichnis 93

Geleitwort

Unter den zahlreichen neu auf dem Markt befindlichen terrarienkundlichen Büchern sind Monographien, die sich einzelnen Arten widmen, eher die Ausnahme. Aber sie finden durchaus ihren Leserkreis, wenn sie besonders attraktive und daher oft gepflegte Tiere zum Gegenstand haben.

Unter den Schlangen ist der Königspython zweifellos eine der in der Terraristik populärsten Arten. Als Vertreter der Riesenschlangen ist er erstens durch seine generelle Harmlosigkeit, zweitens durch seine für Boiden ausgesprochen geringe Körpergröße und drittens durch sein nicht sehr zu Bissigkeit neigendes Temperament ein gut zu handhabender und daher oft gehaltener Pflegling. Dies führt oft zu Käufen durch unerfahrene Neu- oder Nachwuchsterrarianer. Doch der kommerzielle internationale Handel schaut eher auf Nachfrage und Rendite als auf eine bessere oder schlechtere Haltbarkeit der von ihm veräußerten Tiere. Umso wichtiger ist daher eine zuverlässige Informationsquelle für den Pfleger, wie sie hier für *Python regius* von meinem Doktoranden Thomas Kölpin kompetent geschrieben wurde.

In sehr präziser Sprache behandelt er nicht nur alle Aspekte, die für den Halter und potenziellen Züchter von Bedeutung sind; auch wissenschaftliche Probleme, wie etwa die Vererbungsgänge diverser Färbungs- und Zeichnungsmutanten oder die Hybridisierbarkeit verschiedener *Python*-Arten werden besprochen, was den breiten und souveränen Literaturüberblick des Verfassers belegt. Thomas Kölpin zeigt außerdem Wissens- und Forschungslücken auf, wobei auch auf so brandaktuelle und spannende ungeklärte Phänomene wie etwa Paarungen zwischen Weibchen hingewiesen wird! Nicht zuletzt aber fühlt sich auch der Verfasser dieses an Terrarianer gerichteten Buches der Ethik des Arten- und Naturschutzes verpflichtet und plädiert in diesem Sinne für einen vollständigen Importverzicht wild gefangener Königspythons. Ich hoffe und glaube, sein Buch ist geeignet, der Erreichung dieses Zieles etwas näher zu kommen.

Bonn, im Oktober 2001
Prof. Dr. Wolfgang Böhme

Einleitung

Der Königspython zählt seit Jahren zu den populärsten Riesenschlangen, die in Terrarien gehalten werden. Nicht nur seine relativ geringe Körpergröße, seine hohe Lebenserwartung und sein sanftmütiges Wesen, sondern auch sein recht interessantes Verhaltensrepertoire machen ihn zu einem der beliebtesten Terrarienpfleglinge.

Da sich die regelmäßige Nachzucht des Königspythons aber immer noch schwierig gestaltet, werden jährlich Hunderte dieser schönen Schlangen als Wildfänge oder als so genannte Farmzuchten aus Afrika nach Europa, Japan und in die USA importiert. Diese Importtiere lassen sich weitaus schwieriger als Nachzuchten halten, verweigern oft das Futter und gehen nicht selten nach kurzer Zeit zu Grunde.
Dieses Buch soll dem Terrarieneinsteiger alle notwendigen Ratschläge zur erfolgreichen Haltung seines Königspythons und dem fortgeschrittenen sowie versierten Terrarianer Anleitungen zur regelmäßigen Vermehrung dieses kleinen Pythons geben, sodass in Zukunft die Importzahlen drastisch reduziert werden können.

Systematik

Der Name

Der deutsche Name „Königspython" ist die Übersetzung des wissenschaftlichen Artnamens *Python regius*.
Die wissenschaftliche Bezeichnung eines Tieres setzt sich aus dem Gattungsnamen und dem Namen der jeweiligen Art zusammen. Die Gattung wird vorangestellt und großgeschrieben, in diesem Fall „*Python*". Der Artname wird hingegen kleingeschrieben, hier „*regius*". *Regius* leitet sich vom lateinischen Wort „rex" ab, was „König" bedeutet, während *Python* der Name einer Schlange oder eines Drachens der griechischen Mythologie ist und heute die Gattung der Pythonschlangen bezeichnet. Im Englischen ist „Ball Python" häufiger als „Royal Python" für *Python regius* im Gebrauch. Der Name „Ball Python" ist ein Hinweis auf das typische Abwehrverhalten des Königspythons, bei dem das Tier seinen Körper praktisch zu einem Ball zusammenrollt.

Systematische Einordnung

Art:	*Python regius*	Königspython
Gattung:	*Python*	Pythonschlangen
Unterfamilie:	Pythoninae	Pythonartige Riesenschlangen
Familie:	Boidae	Riesenschlangen
Unterordnung:	Serpentes	Schlangen
Ordnung:	Squamata	Schuppenkriechtiere
Klasse:	Reptilia	Reptilien
Unterstamm:	Vertebrata	Wirbeltiere
Stamm:	Chordata	Chordatiere
Reihe:	Deuterostomia	--------
Unterreich:	Metazoa	Vielzellige Tiere
Reich:	Animalia	Tiere

Systematik

Warum der Königspython „Ball Python" genannt wird: Das Tier „kugelt" sich ein und schützt so den Kopf zwischen seinen Körperringen. Foto: D. Mahsberg

Zur Gattung **Python** werden derzeit zehn Arten gerechnet:

- *Python anchietae* (Angolapython)
- *Python breitensteini* (Borneo-Blutpython)
- *Python brongersmai* (Roter Blutpython)
- *Python curtus* (Schwarzer Blutpython)
- *Python molurus* mit den Unterarten:
  * *Python molurus molurus*
    (Heller Tigerpython)
  * *Python molurus bivittatus*
    (Dunkler Tigerpython)
- *Python natalensis* (Südlicher Felsenpython)
- *Python regius* (Königspython)
- *Python reticulatus* (Netzpython)
- *Python sebae* (Nördlicher Felsenpython)
- *Python timoriensis* (Timorpython)

Die Gattung *Python* gehört zusammen mit den unten aufgeführten acht weiteren Gattungen zur Unterfamilie der Pythoninae:

Antaresia (Südpythons) mit vier Arten:
 Antaresia childreni
 Antaresia maculosa
 Antaresia perthensis
 Antaresia stimsoni
Apodora (Papuapythons) mit einer Art:
 Apodora papuana
Aspidites (Schwarzkopfpythons) mit zwei Arten:
 Aspidites melanocephalus
 Aspidites ramsayi
Bothrochilus (Neuguinea-Zwergpythons) mit einer Art:
 Bothrochilus boa

Calabaria (Erdpythons) mit einer Art:
  Calabaria reinhardtii
Leiopython (Weißlippenpythons) mit einer Art:
  Leiopython albertisii
Liasis (Wasserpythons) mit vier Arten:
  Liasis fuscus
  Liasis mackloti
  Liasis olivaceus
  Liasis savuensis
Morelia (Rautenpythons) mit elf Arten :
  Morelia amethistina
  Morelia boeleni
  Morelia bredli
  Morelia carinata
  Morelia clastolepis
  Morelia kinghorni
  Morelia nauta
  Morelia oenpelliensis
  Morelia tracyae
  Morelia spilota
  Morelia viridis

Die Pythoninae bilden zusammen mit zwei weiteren Unterfamilien, den Boinae (Boaartige Riesenschlangen) und den Erycinae (Sandboas) die Familie der Boidae (Riesenschlangen).

Anatomie

Kopf

Wie bei Tetrapoden (Landwirbeltieren) üblich, sind auch bei *Python regius* fast alle Sinnesorgane am Kopf lokalisiert. Das Auge ist wie bei einigen Echsen (z. B. vielen Geckos) durch eine „Brille" geschützt. Diese entsteht durch Verwachsung der durchsichtig gewordenen Augenlider. Alle Schlangen sind gehörlos, da sie zwar eine Columella (Mittelohrknochen) besitzen, nicht aber Trommelfell und Mittelohr. Das Jacobsonsche Organ, im Munddach lokalisiert, ist hoch entwickelt. Die gespaltene Zunge kann Duftstoffe aufnehmen, die in diesem Organ geprüft werden. Als zusätzliche Sinnesorgane besitzt *Python regius* an den Oberlippenschilden auf beiden Seiten vier und am Rostrale auf jeder Seite eine Labialgrube. An den hinteren

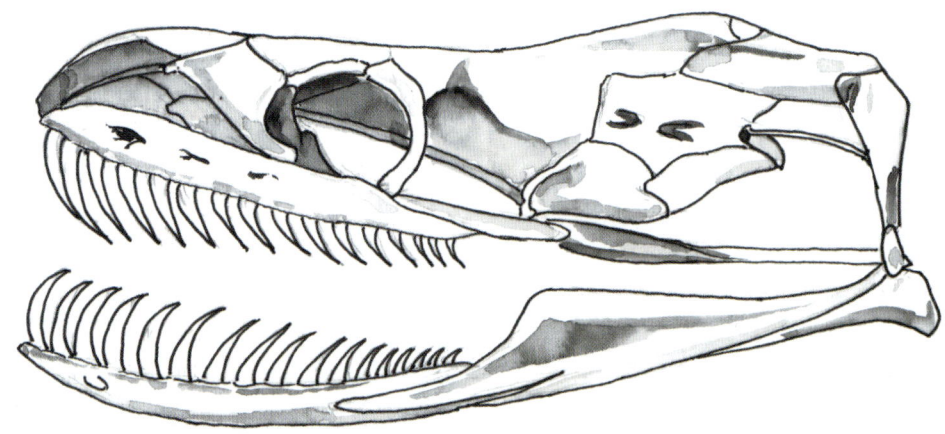

Schematische Darstellung eines *Python-regius*-Schädels
Zeichnung: M. Döring-Hochet

Anatomie

Kopf eines adulten Weibchens   Foto: H. Kirk

Unterlippenschilden finden sich meist ein bis zwei dieser Lippengruben. Die Labialgruben, die auch bei einer Reihe anderer Pythonarten auftreten, sind Wärmesinnesorgane. Sie ermöglichen dem Python, geringste Temperaturunterschiede in seiner Umgebung wahrzunehmen und somit das Aufspüren von „warmblütigen" Beutetieren bei völliger Dunkelheit. In Anpassung an große Futtertiere ist der Kieferapparat in bewegliche Spangen aufgelöst. Linke und rechte Kieferhälften sind nicht verwachsen, sodass sie voneinander unabhängig unter Dehnung des verbindenden Bandapparates nach außen bewegt und vorgeschoben werden können. Die Schlange „schiebt" sich so durch abwechselndes Vorstrecken der rechten und linken Kieferhälfte über die Beute, z. B. eine Maus oder Ratte. Der Königspython besitzt wie alle Riesenschlangen Zähne auf allen ursprünglich zahntragenden Knochen. Die Zähne bilden einfache Reihen, sind gleichartig spitz und weisen etwas nach hinten. Um ein besseres Festhalten der Beute zu gewährleisten, sind die vorderen Zähne länger als die hinteren (proterodontes Gebiss).

Kopfunterseite von *Python regius*   Foto: H. Kirk

Python regius
Foto: B. Love/Blue Chameleon Ventures

Morphologie

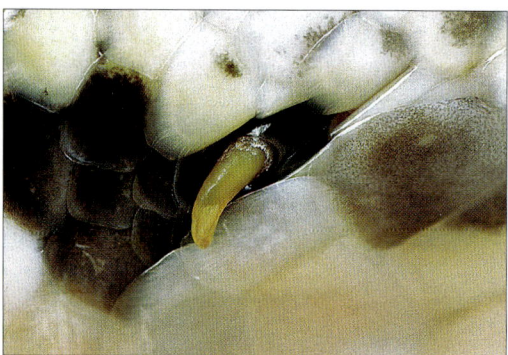

Aftersporn von *Python regius*   Foto: H. Kirk

Körper

Der Körper von *Python regius* besitzt keine Vorderextremitäten und keinen Schultergürtel. Die Hinterextremitäten sind äußerst stark zurückgebildet. Die Reste der Oberschenkel sind nur noch als zwei neben der Kloakenöffnung liegende Aftersporne äußerlich erkennbar. Diese spielen bei der Kopulation eine Rolle. Auch vom Beckengürtel sind nur noch kleine Reste vorhanden.

Die Wirbel besitzen – wie die mancher Echsen – zwei zusätzliche Gelenke, die von besonderen Fortsätzen, Zygosphen und Zygantrum, gebildet werden.

Die quer verlaufenden Hornschuppen (Hornschienen) der Bauchseite, die recht beweglichen Rippen, die sich nicht nur über den Brustbereich, sondern über den ganzen Schlangenkörper inklusive Schwanz und Hals erstrecken, und die hoch differenzierte Muskulatur der Leibeswand ermöglichen die schlängelnde Fortbewegungsweise.

Innere Organe

Die Streckung des Schlangenkörpers bedingt eine Asymmetrie der inneren Organe. Die linke Lunge ist im Verhältnis zur rechten um ungefähr ein Drittel reduziert. Die rechte Lunge wird hinten zu einem dünnwandigen Luftschlauch, ihr Vorderteil verwächst mit der Trachea (Luftröhre) zur so genannten Tracheallunge. Diese besitzt ventral (bauchwärts) Knorpelstücke wie eine typische Trachea und dorsal (rückseits) Alveolen (Lungenbläschen). Die Gonaden (im männlichen Geschlecht rechter und linker Hoden, im weiblichen rechter und linker Eierstock) liegen nicht neben, sondern jeweils vor den beiden Nieren. Die Gallenblase befindet sich hinter der Leber. Als Kopulationsorgane besitzen männliche Königspythons einen rechten und einen linken Hemipenis, die im inaktiven Zustand in die Schwanzbasis zurückgezogen sind. An gleicher Stelle liegen bei den Weibchen eine rechte und eine linke Hemiclitoris. In der Schwanzbasis befinden sich außerdem paarige Analdrüsen, welche ein unangenehm riechendes öliges Sekret produzieren.

Morphologie

Beschreibung

Bei *Python regius* handelt es sich um eine sehr muskulöse, leicht untersetzte Riesenschlangenart. Der Kopf ist kegelförmig und setzt sich deutlich vom Hals ab. Der Schwanz ist äußerst kurz und rübenförmig. Die Grundfärbung der Körperoberseite ist dunkelbraun bis fast schwarz. Sie wird an den Flanken durch unregelmäßig gestaltete gelbliche bis hellbraune Flecken aufgelöst. Teilweise erreicht die helle Zeichnung auch den Rückenbereich der Tiere. Die Flecken können einfarbig sein oder ein bis mehrere Einschlüsse der Grundfärbung enthal-

Morphologie

Weiblicher Königspython aus Nordkamerun   Foto: W. Böhme

ten. Die hellen Zeichnungselemente sind bei den meisten Tieren mit weißen Trennlinien von der Grundfarbe abgesetzt. Die Oberseite des Kopfes ist hellbraun bis schwarz gefärbt. Ein schmaler gelber Streifen zieht sich von der Nasenspitze entlang der Schläfe bis zur Halsregion. Darunter erstreckt sich ein dunkles Band bis zum Mundwinkel. Die Bauchseite ist porzellan- bis elfenbeinfarbig und meistens zeichnungslos. Es gibt aber auch Populationen mit gesprenkelten Bäuchen. Die Schwanzunterseite ist stellenweise dunkel pigmentiert.

Jungtiere sind heller und leuchtender gezeichnet. Im Alter von 1 ½ bis 2 ½ Jahren beginnt die Zeichnung stark nachzudunkeln. Bei älteren Tieren wirken die Flecken daher meist bräunlich statt gelb.

Beschuppung von *Python regius*   Foto: D. Mahsberg

Beschuppungsmerkmale:	
Dorsalia:	53–63
Ventralia:	191–207
Subcaudalia:	28–37
Supralabialia:	9–12

Länge und Gewicht

Die durchschnittliche Gesamtlänge von *Python regius* beträgt 90–130 cm. Männchen bleiben in der Regel unter 120 cm. Exemplare über 140 cm sind äußerst selten. CANSDALE (1961) beschreibt eine Population aus Ghana, in der Tiere mit Längen von 180–200 cm vorkommen sollen. Die Rekordangabe in der Literatur stammt von VILLIERS (1975) und liegt bei 250 cm. Diese Angabe ziehe ich jedoch stark in Zweifel.
Der Königspython gilt in der Durchschnittslänge als der kleinste Vertreter der Gattung *Python*.
Jungtiere schlüpfen mit einer Gesamtlänge von 25–45 cm. Bei meinen Königspythons lag die Schlupfgröße zwischen 38,5 cm und 42,0 cm.

Das Körpergewicht von *Python regius* hängt vom Geschlecht, der Gesamtlänge und natürlich dem Ernährungszustand der Tiere ab. Weibchen sind in der Regel schwerer und sollten bei einer Gesamtlänge von 120–130 cm ein Körpergewicht von 1400–2000 g aufweisen, um Eier ansetzen zu können. Männchen dagegen sollten bei Gesamtlängen von 100–120 cm ein Gewicht von 1000–1500 g nicht überschreiten, da schwerere Tiere sich häufig paarungsinaktiver zeigen. Beim Schlupf brachten meine eigenen Nachzuchten 58–62,5 g auf die Waage. KIRSCHNER & SEUFER (1999) nennen ein Schlupfgewicht von 46–73 g, DE VOSJOLI et al. (1994) von 56 g, LEHMANN & LEHMANN (1983) von 49–65 g, MIEROP & BESSETTE (1998) von 56–67 g und VERGNER (1994) von 54,6–83,3 g.

Vorkommen und Lebensweise

Verbreitungsgebiet

Python regius ist über weite Teile Westafrikas, über einige Staaten Zentralafrikas bis in den Süden des Sudan verbreitet.

Er kommt in den westafrikanischen Staaten Senegal, Gambia, Sierra Leone, Elfenbeinküste, Ghana, Burkina Faso, Togo, Benin, Nigeria und Kamerun, den zentralafrikanischen Staaten Dem. Rep. Kongo und Uganda sowie im Sudan vor.

Königspythonbiotop: Blockschutthang mit Euphorbienbewuchs im Mandara-Gebirge bei Mokolo, Nordkamerun (extrem trockener Fundort) Foto: W. Böhme

Charakteristischer Königspythonbiotop in der Basse Casamance, Süd- Senegal (feuchter Standort, Guinea-Savanne) Foto: W. Böhme

Vorkommen und Lebensweise

In der Trockenzeit bleiben Königspythons meist versteckt. Foto: D. Mahsberg

An diesem Mare leben auch Felsenpythons, die großen Verwandten der Königspythons. Foto: D. Mahsberg

Vorkommen und Lebensweise

Wenn sich am Ende der Trockenzeit die ersten Regenfälle ankündigen, nimmt auch die Aktivität von Königspythons bald wieder zu. Foto: D. Mahsberg

Busch-Baum-Savanne mit sprießendem Grün zu Beginn der Regenzeit					Foto: D. Mahsberg

Die nördlichsten Fundorte des Königspythons liegen im Senegal und in Burkina Faso, die südlichsten in Uganda. Die westliche Verbreitungsgrenze findet sich im Senegal und in Gambia, im Osten endet die Ausbreitung im südlichen Sudan.

Klima im Herkunftsgebiet

In Westafrika lassen sich grob drei Klimazonen unterscheiden. Diese sind von Norden nach Süden Sahelzone, Sudanzone und Guineaküste, welche mehr oder weniger parallel zu den Breitengraden verlaufen. Niederschlagsmenge und Regenzeitdauer nehmen dabei von Norden nach Süden kontinuierlich zu. In der äußerst trockenen Sahelzone, die sich direkt südlich an die Sahara anschließt, kommt Python regius nicht vor. Seine Verbreitung beschränkt sich auf die Sudanzone und die Guineaküste.

In der Sudanzone dauert die Regenzeit in der Regel von Mai bis Oktober. Die durchschnittlichen Tagestemperaturen belaufen sich während dieser Zeit auf etwa 30 °C, die mittlere Luftfeuchtigkeit liegt tagsüber mit 66 % relativ hoch. Nachts sinken die Temperaturen nur geringfügig ab.

Während der Trockenzeit von November bis April erreichen die durchschnittlichen Tagestemperaturen etwa 30 °C, die Nächte sind jedoch recht kühl. In den Monaten November bis Februar bewegen sich die nächtlichen Temperaturen zwischen 15 und 18 °C und steigen in den Monaten März und April wieder langsam auf die Werte der Regenzeit an. März und April sind mit maximalen Tagestemperaturen von

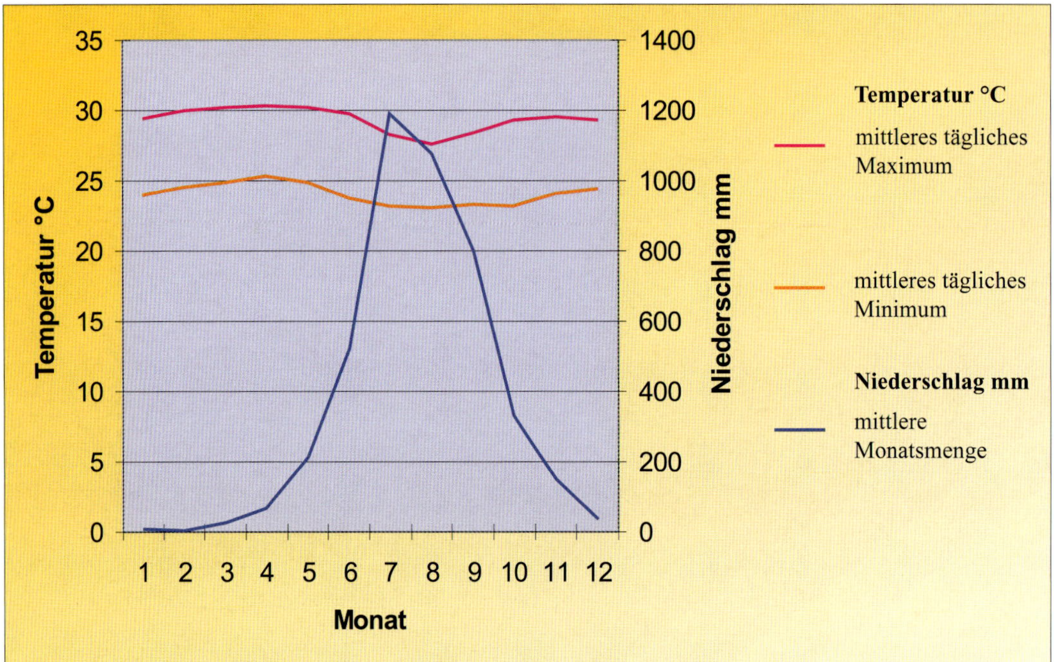

Vorkommen und Lebensweise

Klimadiagramm: Sierra Leone, Freetown 08° 30' N; 13° 14' W; 10 m ü. NN

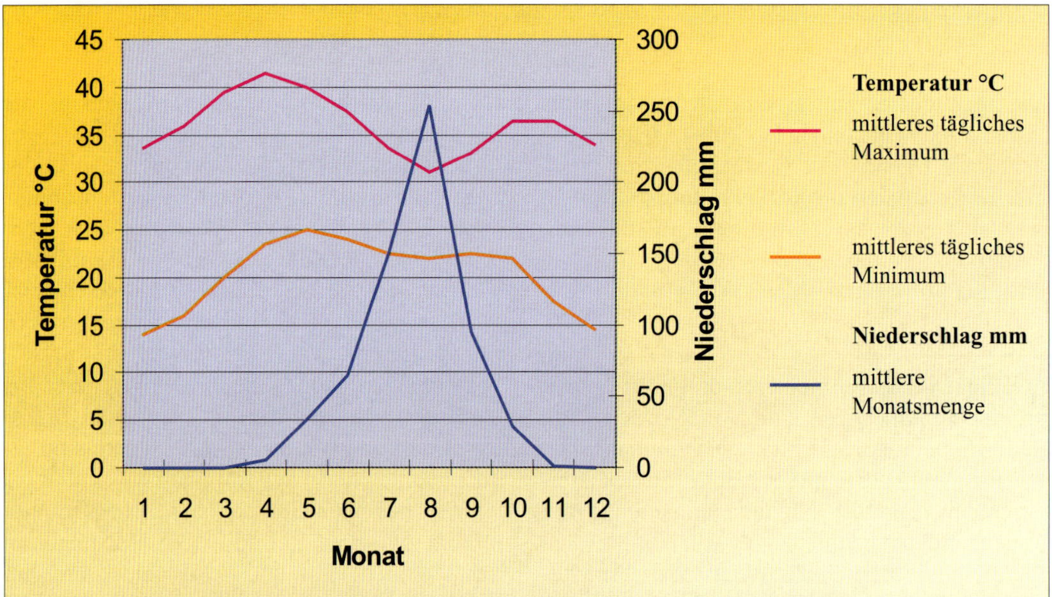

Klimadiagramm: Tschad, N'Djamena 12° 08' N; 15° 02' W; 295 m ü. NN

Vorkommen und Lebensweise

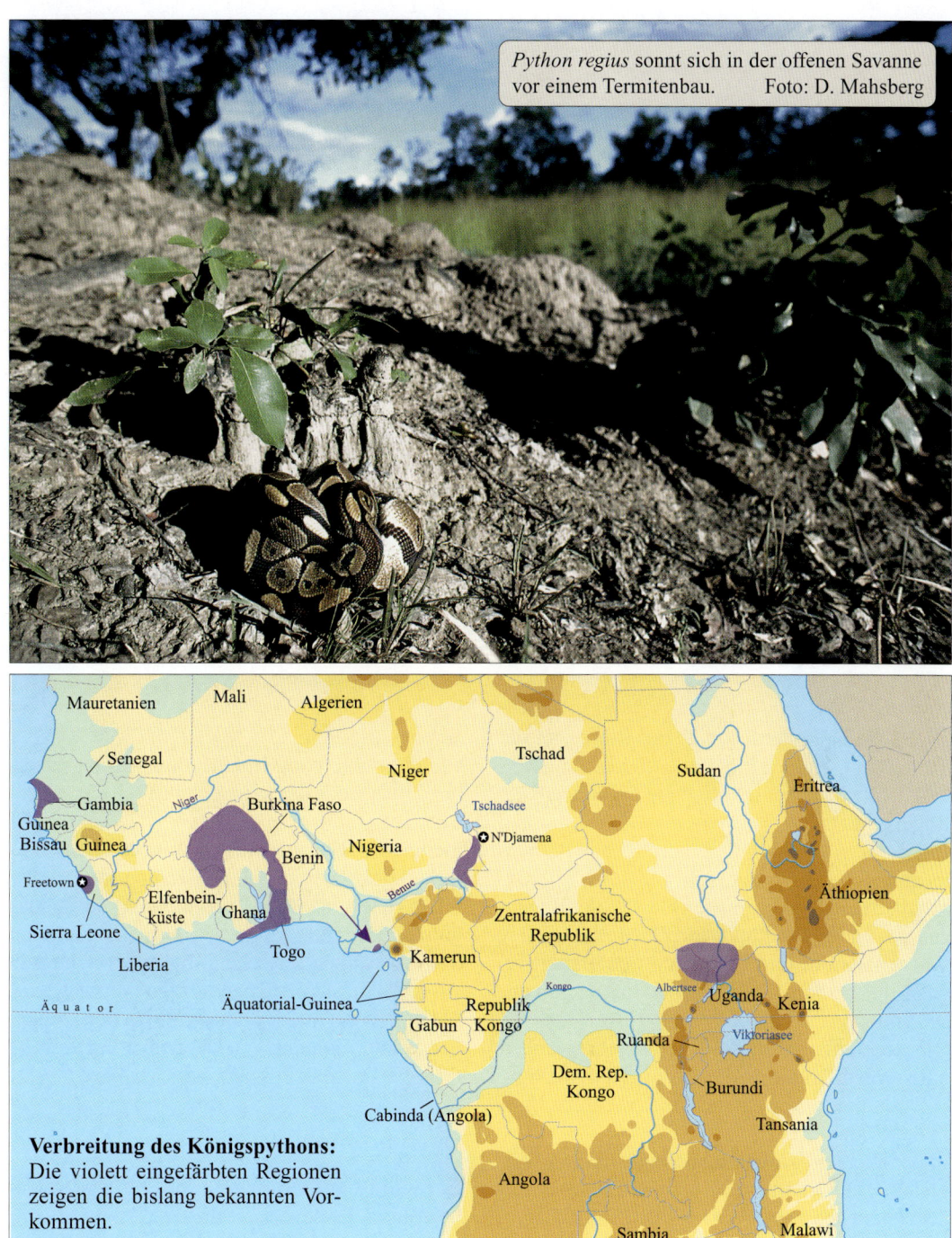

Python regius sonnt sich in der offenen Savanne vor einem Termitenbau.   Foto: D. Mahsberg

Verbreitung des Königspythons: Die violett eingefärbten Regionen zeigen die bislang bekannten Vorkommen.

Vorkommen und Lebensweise

Regenzeit – Königspythonzeit   Foto: D. Mahsberg

35 °C die heißesten Monate des Jahres. In der Trockenzeit bleiben die mittleren Luftfeuchtigkeitswerte tagsüber deutlich niedriger als in der Regenzeit.
Im Mai bzw. Juni kündigen drückende Schwüle, gefolgt von Wirbelstürmen und wolkenbruchartigen Gewittern, den Beginn der Regenzeit an. Innerhalb kürzester Zeit fallen riesige Wassermassen, und bald nach den ersten Regenfällen beginnt die Vegetation der Sudanzone aufzublühen.
Die Herkunftsgebiete des Königspythons außerhalb Westafrikas in der Dem. Rep. Kongo, Uganda und im Sudan befinden sich ebenfalls in der Sudanzone.
In der Küstenregion unterscheidet man im Vergleich zur Sudanzone in der Regel zwei Regenzeiten: von Mitte Mai bis Mitte Juli die „große" und von Anfang Oktober bis Anfang Dezember die „kleine". Manchmal gibt es aber auch nur eine von Mitte Mai bis Anfang Oktober. Die jeweils dazwischen liegenden Trockenzeiten sind neben der geringeren Niederschlagsmenge durch eine etwas niedrigere Luftfeuchtigkeit gekennzeichnet. Die Temperaturen sind mit mindestens 20 °C bis maximal 35 °C das ganze Jahr über relativ hoch, mit geringen Schwankungen zwischen Tag und Nacht. Mit 77–88 % liegt die relative Luftfeuchtigkeit deutlich höher als in der Sudanzone. In den trockenen Wintermonaten von Dezember bis Februar fällt die Luftfeuchtigkeit jedoch unter 70 %.

Lebensraum

Der Königspython ist ein typischer Savannenbewohner. Er bevorzugt die trockenere Sudan-Savanne, kommt aber auch in der feuchteren

Guinea-Savanne vor. Kennzeichnend für diese Vegetationsform sind hohe Steppengräser, Sträucher und Büsche mit vereinzelten Baumgruppen. Selten besiedelt *Python regius* die Ränder von Regenwäldern, meist handelt es sich bei diesen um Regenwaldreste in Trockengebieten. Nach LUISELLI & ANGELICI (1998) bewohnt er in Ausnahmefällen überflutete Sumpfwälder. Auch in der Nähe von menschlichen Siedlungen wird der Königspython gelegentlich gefunden, kann also durchaus zum Kulturfolger werden. *Python regius* konnte sogar seinen Nutzen aus der menschlichen Zerstörungswut ziehen. Die Abholzung des Regenwaldes weiter Teile Westafrikas ließ jede Menge neues Buschland entstehen, das als bevorzugter Biotop der Verbreitung des Königspythons zugute kommt.

Trockener Inselwald in der westafrikanischen Feuchtsavanne
Foto: D. Mahsberg

Lebensweise

Der Königspython ist eine typische bodenbewohnende Riesenschlange. Sein untersetzter Körperbau und der extreme kurze und dicke Schwanz ermöglichen ihm nur schwache Kletterkünste. Er wird daher selten auf niedrigen Bäumen, eher in Büschen und auf Sträuchern, zumeist jedoch auf dem Savannenboden angetroffen. Jungtiere neigen aufgrund ihres geringeren Körpergewichtes deutlich häufiger zum Klettern. Nach LUISELLI & ANGELICI (1998) klettern männliche Tiere auch in Bäume, während vor allem die schweren adulten Weibchen kaum einmal den Boden verlassen. Auch an Regenwaldrändern findet man die Tiere meist im Unterholz, jedoch nie auf den Urwaldriesen.
Python regius ist eine ausgesprochen dämmerungs- und nachtaktive Schlange. Den Tag verbringt er zurückgezogen in einem Versteck. Nur selten wird er tagsüber außerhalb seines Schlupfwinkels beim Sonnenbaden beobachtet. Als Versteckplätze bevorzugt der Königspython verlassene Nagetierbauten und Termitenhügel. Diese zeichnen sich durch eine konstant hohe Luftfeuchtigkeit und gleichmäßige Temperaturen aus und werden deshalb auch von den Weibchen für die Eiablage genutzt. Nach VILLIERS (1975) werden bei der Auswahl der Verstecke solche, die eine Sicherheit vor Feuer und

Termitenbauten sind auch dann sicher, wenn Buschfeuer die Savanne verbrennen. Foto: D. Mahsberg

Vorkommen und Lebensweise

Linke Seite: Freilandaufnahmen aus dem Comoé-Nationalpark, Elfenbeinküste Fotos: D. Mahsberg

1 u. 2 – *Python regius*, ca. 110 cm lang, der mit dem ersten großen Regen der beginnenden Regenzeit im Mai sein Versteck verlassen hatte.

3 – Die Schlange suchte etwa eine dreiviertel Stunde an einer erhöht gelegenen Baumgruppe nach einem geeigneten Versteck.

4 – Der offene Schacht eines Termitenbaus wird inspiziert.

5 – Nach gründlicher und überhaupt nicht hektischer Suche ist das geeignete Versteck gefunden: ein Loch von 5 cm Durchmesser am Fuß eines abgestorbenen Baumes, das vermutlich in einen Termitenbau führt.

Treiberameisen bieten, bevorzugt; diese werden offenbar gezielt gesucht (MAHSBERG, schriftl. Mittlg., siehe auch Bildfolge). Bei Einbruch der Dämmerung verlässt der Königspython sein Quartier und begibt sich auf Nahrungssuche. Die Hauptaktivitätszeit fällt in die ersten Stunden nach Sonnenuntergang.

In der relativ kühlen Trockenzeit verhalten sich die Tiere recht inaktiv. Während dieser Ruhezeit verlassen sie nur selten ihre Schlupfwinkel.

Nahrungserwerb und Nahrungsaufnahme

Python regius zeigt zwei unterschiedliche Jagdstrategien: Zum einen die des Lauerjägers, zum anderen die aktive Jagd. Bei der ersten Methode liegt der Königspython am Boden in der Vegetation, wo ihm seine Färbung und Musterung optimal als Tarnung dienen, oder auf einem niedrigen Ast eines Busches. Hier wartet er auf vorbeikommende Opfer, nämlich Kleinsäuger und Vögel, die er durch schnelles Zustoßen erbeutet. Die zweite Methode besteht darin, dass sich die Schlange aktiv auf die Suche nach Beutetieren begibt. Sie kriecht durch die Vegetation und auch direkt in Nagetierbauten, um die Bewohner aufzuspüren, aber auch auf niedrige Bäume und Büsche, um Vögel und vor allem deren Brut zu erbeuten.

Hat *Python regius* ein Futtertier nach dem Zustoßen mit den Zähnen an Kopf, Körper oder Schwanz gepackt, erdrosselt er es mit ein bis zwei Körperschlingen. Dabei wird die Beute keineswegs zerquetscht, sondern durch das Festerziehen der Schlingen bei jedem Einatmungsversuch des Opfers erstickt. Nachdem der Tod des Beutetieres eingetreten ist, sucht der Königspython den Kopf, mit dem beginnend er das Opfer in einem Stück verschlingt. Um dies zu ermöglichen, werden die Kiefergelenke ausgehakt und die Kieferhälften schrittweise über das Futtertier geschoben, bis es in die Speiseröhre und von dort aus in den Magen gelangt.

In der Literatur (LUISELLI & ANGELICI 1998; LUISELLI, AKANI & CAPIZZI 1998), werden folgende Beutetiere als natürliche Nahrung für *Python regius* angegeben:

- **Kleinsäuger**
  Cricetomys gambianus (Gambia-Riesenhamsterratte)
  Crocidura poensis (Wimperspitzmaus)
  Galago demidorii (Zwerg- oder Urwaldgalago)
  Lemniscomys striatus (Afrikanische Streifen-Grasmaus)
  Unterordnung Megachiroptera (Flughunde)
  Familie Muridae (Echte Mäuse)
  Praomys tullbergi (Große Afrikanische Waldmaus)
  Protoxerus stangeri (Ölpalmenhörnchen)
- **Vögel**
  Cisticola galactodes (Schwarzrücken-Cistensänger)
  Familie Columbidae (Taubenvögel)
  Gattung *Dendropicos* (Spechte)
  Familie Meropidae (Spinte)
  Gattung *Nectarinia* (Nektarvögel)
  Gattung *Ploceus* (Webervögel)
  Psittacus erithacus (Graupapagei)
  Familie Sturnidae (Stare)
  Familie Sylviidae (Grasmücken)

Die Bestimmung der Beutetiere erfolgte anhand von Analysen des Mageninhaltes und von Kotproben.
LUISELLI & ANGELICI (1998) stellten fest, dass Königspythons unter 70 cm Länge häufiger kleine Vögel als Kleinsäuger (70,2 % Vögel, 29,8 % Säugetiere) fressen, während Tiere mit einer Gesamtlänge über 100 cm kleinere Säugetiere Vögeln vorziehen (66,7 % Säugetiere, 33,3 % Vögel). Die Autoren erklären dieses Fressverhalten mit der stärker arborealen Lebensweise der kleineren Pythons. Bei diesen handelt es sich um Jungtiere und Männchen.

Wachstum und Lebenserwartung

Im Gegensatz zu den meisten Wirbeltieren wachsen Schlangen ein Leben lang. Dieses Wachstum vollzieht sich nicht kontinuierlich, sondern am stärksten in den ersten Lebensjahren. Bis zum Erreichen der Geschlechtsreife, bei *Python regius* im Alter von drei bis vier Jahren, wachsen die Tiere auf eine Länge von etwa 90–120 cm heran. In den Jahren danach liegt das Wachstum nur noch bei einigen Millimetern bis Zentimetern pro Jahr. Bei besonders großen Exemplaren handelt es sich meist um sehr alte Weibchen.

Da die äußerste Schicht der Epidermis (Außenhaut) nicht mitwächst, müssen Schlangen diese regelmäßig durch eine Häutung abstoßen. Diese Häutung verläuft bei gesunden Königspythons in einem Stück von den Schnauzenschilden bis zur Schwanzspitze. Hierbei werden auch die Augenlider und die Hemipenes der Männchen mitgehäutet. Weil die oberste Epidermisschicht wenige Pigmente besitzt, hat das abgestreifte so genannte „Natternhemd" eine durchscheinende, sehr dünne und pergamentartige Struktur. Die Häutung kündigt sich durch das milchig trübe Aussehen der Augen an. Auch die Schuppen des gesamten Schlangenkörpers wirken matt und glanzlos. Dieser Eindruck wird durch eine Häutungsflüssigkeit unter der obersten Hautschicht hervorgerufen, die das Ablösen der Haut ermöglicht. Ein bis mehrere Tage vor der Häutung klaren die Augen wieder auf. Der Königspython beginnt die Häutungsprozedur, indem er seine Schnauze an rauen Gegenständen wie Steinen, Rindenstücken, Ästen etc. reibt. Nach einer Häutung glänzen die Schuppen der Tiere besonders schön.

Jungtiere häuten sich sehr viel häufiger als adulte Schlangen. Die erste Häutung erfolgt bei jungen *Python regius* ungefähr zwei Wochen nach dem Schlupf. In den ersten Lebensmonaten häuten sich die Jungschlangen je nach Futterangebot alle vier bis acht Wochen. Mit zunehmendem Alter nimmt der Abstand zwischen den Häutungen zu. Adulte Königspythons häuten sich nur noch zwei- bis dreimal im Jahr.

Python regius gehört mit Sicherheit zu den langlebigsten Schlangenarten. Den Rekord hält ein Exemplar aus dem Zoologischen Garten der Stadt Philadelphia (CONANT 1992). Dieser männliche Königspython lebte dort vom 26.04.1945 bis zum 07.10.1992. Da das Tier schon adult in menschliche Obhut kam, ist anzunehmen, dass es an die 50 Jahre alt wurde. Somit handelt es sich auch um die längste aufgezeichnete Lebensdauer überhaupt für eine Schlange. Auch wenn dieses hohe Alter sicherlich eine Ausnahmeerscheinung ist, kann man trotzdem mit einer durchschnittlichen Lebenserwartung von über 20 Jahren für *Python regius* in der Terrarienhaltung rechnen. Für die Lebensspanne von Königspythons im Freiland gibt es bisher leider noch keine Untersuchungen.

Fortpflanzung

Wie bei allen echten Landwirbeltieren findet bei *Python regius* eine innere Befruchtung statt. Als Kopulationsorgane besitzen die Männchen zwei Hemipenes. Jeweils ein Hemipenis wird während der Kopulation in der weiblichen

Kloake verankert. Hierbei überträgt er die Spermien in einen der beiden weiblichen Eileiter. Der Königspython ist eine ovipare, das heißt Eier legende Schlangenart. Aus den Eiern schlüpfen vollständig entwickelte Jungtiere, die sofort ohne elterliche Hilfe selbstständig sind. Königspythonweibchen bewachen ihre Gelege, können aber nicht durch eigenverursachte Temperaturschwankungen die Eier bebrüten, wie es z. B. vom Tigerpython (*Python molurus*) oder dem Grünen Baumpython (*Morelia viridis*) bekannt ist.

BROGHAMMER (2001) gibt an, dass nach eigenen Beobachtungen und nach denen afrikanischer Exporteure auch beim Königspython aktives Bebrüten mittels Muskelkontraktionen auftreten könne. Jedoch fehlen nach wie vor beweiskräftige Daten – so führte BROGHAMMER etwa keine Temperaturmessungen beim brütenden Weibchen durch. Bis das Gegenteil schlüssig dokumentiert ist, muss man daher davon ausgehen, dass *P. regius* sein Gelege nicht aktiv bebrütet.

Nach GREER (1994) erfolgt die Eiablage im Freiland von Mitte Februar bis Mitte April. Etwa 60 Tage später schlüpfen die Jungschlangen. Die Gelegegröße schwankt zwischen zwei und fünfzehn Eiern, liegt meistens aber bei vier bis acht. Interessanterweise beobachtete GREER (1994) bis zu sechs Weibchen mit ihren Gelegen im selben Unterschlupf.

Krankheiten, natürliche Feinde, Bedrohung durch den Menschen

Die typischen Außenparasiten bei *Python regius* sind Zecken und Blutmilben. Fast jeder Wildfang ist von diesen Blut saugenden Schmarotzern befallen. Als Innenparasiten treten verschiedenste Wurmarten wie Spulwürmer, Madenwürmer, Zwergfadenwürmer, Bandwürmer und Saugwürmer auf. Als weitere Innenparasiten sind Protozoen (Einzeller) in Form von Amöben, Flagellaten und Kokzidien zu nennen. Hierbei ist besonders die Amöbe *Entamoeba invadens* gefürchtet, da befallene Schlangen oft eine hohe Mortalitätsrate aufweisen. Außerdem können Königspythons an bakteriellen und viruellen Infektionen erkranken. Die Behandlungsmethoden eines Zecken- oder Milbenbefalles werden im Kapitel „Haltung" (S. 26) beschrieben. Sollte ein positiver Befund für Würmer, Einzeller, Bakterien oder Viren vorliegen, ist auf jeden Fall ein reptilienerfahrener Tierarzt aufzusuchen und nach dessen Anweisung zu therapieren.

Als natürliche Feinde von *Python regius* kommen vor allem verschiedene Greifvögel in Betracht. Besonders auf den nächtlichen Streifzügen sind die Königspythons den Angriffen von Eulen ausgesetzt. Unter den Vögeln ist auch noch der Sekretär (*Sagittarius serpentarius*) zu nennen, der die afrikanischen Savannen nach Insekten, Kleinsäugern und vor allem Schlangen absucht und dabei auch junge *Python regius* nicht verschmäht. Einige räuberische Kleinsäuger haben junge bis halbwüchsige Königspythons ebenfalls auf ihren Speiseplan gesetzt. Der Hauptfeind des Königspythons jedoch ist mit Sicherheit der Mensch. Die Bevölkerung im natürlichen Verbreitungsgebiet von *Python regius* schätzt vor allem sein Fleisch, nutzt aber auch seine Haut. Die kommerzielle Lederwarenindustrie hat den Königspython, wie viele andere Riesenschlangenarten auch, an den Rand der Ausrottung gebracht. Eine weitere Gefahr geht vom Fang der Tiere für Terrarien vor allem in Europa, Japan und den USA aus. Durch die Einordnung von *Python regius* in Anhang II des Washingtoner Artenschutzübereinkommens ist die Ausfuhr von Wildfängen und das Töten von Tieren für die Ledergewinnung stark zurückgegangen, aber heute erwächst aus den so genannten „Ranching-Projekten" eine neue Gefahr. Mehr zu der Bedrohung des Königspythons durch den Menschen finden Sie im Kapitel „Bestandssituation" dieses Buches (S. 89).

Haltung

Vor der Anschaffung

Bevor man sich für die Haltung eines oder mehrerer Königspythons entscheidet, sollte man vorab einige wichtige Überlegungen anstellen:

- Bin ich bereit, für die Tiere ihr Leben lang zu sorgen? (Bei der hohen Lebenserwartung von Königspythons kann dies bedeuten, länger als 20 Jahre!)
- Sind bei mir zu Hause die Möglichkeiten für ein oder mehrere ausreichend große Königspython-Terrarien gegeben?
- Sind meine Mitbewohner (Lebenspartner, Kinder, Eltern, WG-Mitbewohner) mit der Anschaffung des Tieres einverstanden?
- Werde ich immer Futtertiere in ausreichender Menge bereitstellen können?
- Bin ich willens und in der Lage, lebendige oder tote Nagetiere an meine Pythons zu verfüttern?
- Habe ich jemanden, der die Pflege der Tiere übernimmt, wenn ich selbst durch Krankheit, Urlaub etc. verhindert bin?
- Ist meine Begeisterung für Königspythons wirklich ein längerfristiges Interesse und keine spontane Idee?
- Bin ich bereit, die Kosten, die durch die Pflege der Tiere entstehen, über viele Jahre zu tragen?
- Bin ich auch bereit, die Kosten aufzubringen, die durch eventuelle Tierarztrechnungen für die Gesunderhaltung der Schlangen entstehen?

Nur wenn Sie alle diese Punkte eindeutig mit „ja" beantworten können, sollten Sie sich für die Anschaffung eines Königspythons entschließen.

Erwerb

Haben Sie sich nun für die Anschaffung eines Königspythons entschieden, stellt sich als Nächstes die Frage: „Woher bekomme ich mein Wunschtier?"

Es stehen verschiedene Möglichkeiten zur Auswahl. Das Optimale ist der Weg direkt zum Züchter. Hier hat man in der Regel eine gute Auswahl an Nachzuchttieren. Außerdem bietet sich die Möglichkeit, die Elterntiere seiner Neuerwerbung zu begutachten, und man kann sich in aller Ruhe mit den Haltungsbedingungen für Königspythons vertraut machen.

Der Züchter steht gerne für alle anstehenden Fragen zur Verfügung, sicherlich auch noch nach dem Kauf des Pythons. Meist ist der Züchter auch in der Lage, das Geschlecht des Jungtieres zu bestimmen.

Anders gestaltet sich die Sache beim Besuch des Zoohändlers. Es muss hier klar gesagt werden, es gibt solche und solche. Neben äußerst kompetenten, die einem sicherlich genauso viele Informationen zu den Tieren mitteilen wie die Züchter, gibt es leider einige, die einem wenig bis keine oder sogar falsche Angaben und Hinweise geben. Ein weiterer Nachteil beim Händler ist, dass man keine Möglichkeit hat, die Elterntiere zu besichtigen. Außerdem ist es dort manchmal schwer zu erkennen, ob es sich nun um echte Nachzuchten, Farmnachzuchten oder Wildfänge handelt, wenn Sie ein aufrichtiger Händler auch sicherlich über die Herkunft der Tiere aufklären wird.

Die dritte Möglichkeit ist der Erwerb auf so genannten Reptilienbörsen. Hier bieten sowohl Züchter als auch Händler ihre Tiere zum Verkauf an. Es besteht dort ebenfalls der Nachteil, dass man die Elterntiere nicht sehen kann, und dass es auch hier manchmal schwer zu entscheiden ist, ob es sich um eine Nachzucht, einen

Wildfang oder eine so genannte Farmzucht handelt. Zudem steht der Verkäufer später nicht immer für weitere Fragen zur Verfügung.
An dieser Stelle sei ausdrücklich darauf hingewiesen, dass man beim Erwerb ausschließlich auf Nachzuchttiere zurückgreifen sollte. Wildfänge und Farmzuchten belasten die natürlichen Wildpopulationen und werden, wenn sie nicht stark reduziert oder besser völlig gestoppt werden, über kurz oder lang zur Ausrottung des Königspythons in der freien Wildbahn führen. Bei Farmzuchten handelt es sich um Tiere aus so genannten „Ranching"-Projekten. Hierbei werden trächtige Weibchen den Biotopen entnommen und in Farmen bis zur Eiablage gehalten. Anschließend werden die Tiere wieder ausgesetzt, wobei meistens die Schlangen nicht wieder an ihren ursprünglichen Fundort gebracht, sondern einfach in der Nähe der Farmen in die Natur entlassen werden. Da sich die Farmen häufig viele Kilometer vom Fangort entfernt befinden, führt dies unweigerlich zu einer Vermischung von verschiedenen Lokalpopulationen mit noch nicht abschätzbaren Folgen für die natürlichen Bestände. Durch die Entnahme der trächtigen Weibchen gehen viele Jungtiere der künftigen Generationen dem Wildbestand verloren und schwächen somit drastisch die Populationen.

Ein weiteres Argument gegen Wildfänge und Farmzuchten ist deren meist schlechterer Allgemeinzustand im Vergleich zu Nachzuchttieren. Die Schlangen sind durch den Stress, der beim Fang und beim Transport entsteht, geschwächt und sehr häufig von Innen- und Außenparasiten befallen. Bei den Innenparasiten handelt es sich vor allem um verschiedene Wurmerkrankungen, bei den Außenparasiten um Zecken und Blutmilben. Somit ist der Preis für solche Tiere nur scheinbar günstiger, denn er steigt im Nachhinein durch den Kauf von Medikamenten und durch Tierarztrechnungen.

Ein weiteres schwer wiegendes Argument für den Kauf von Nachzuchten: Vor allem Wildfänge, seltener auch Farmzuchten bereiten bei der Fütterung größere Schwierigkeiten und sind nur unter vielen Problemen oder manchmal auch gar nicht ans Futter zu gewöhnen. Nachzuchttiere hingegen akzeptieren in der Regel bereitwillig die angebotenen Nagetiere in der entsprechenden Größe.

Ob man sich bei der Anschaffung nun für frisch geborene Jungtiere oder ältere Nachzuchttiere entscheidet, bleibt jedem selbst überlassen.

Gestreifter
Königspython
Foto: H. Kirk

Aber: Je jünger der Königspython, desto größer seine Anpassungsfähigkeit an die neue Haltungsumgebung.

Hier eine Checkliste, die man bei der Auswahl seines neuen Königspythons berücksichtigen sollte:

- Das Tier sollte bei einer tagsüber erfolgenden Besichtigung nicht ohne Unterlass unruhig durch das Terrarium kriechen, sondern ruhig in einem Versteckplatz oder in der Nähe einer Wärmequelle liegen.
- Nimmt man die Schlange zur näheren Begutachtung aus dem Terrarium, so sollte sie entweder ihre typische defensive Ballstellung einnehmen oder nach der greifenden Hand beißen. In keinem Fall darf sie schlaff in der Hand hängen.

Bei der näheren Begutachtung sollte der Python
- einen gut genährten Eindruck machen; die Rippen und die Wirbelsäule dürfen weder sichtbar noch fühlbar sein.
  frei von Häutungsresten sein. Bitte besonders auf die Augen, Aftersporne und die Schwanzspitze achten.
- frei von Außenparasiten (Milben und Zecken) sein.
- klare Augen haben, es sei denn, er befindet sich gerade in der Häutungsphase.

Außerdem darf der Königspython
- keinen schleimigen Ausfluss am Mund und den Nasenöffnungen haben und keine lauten Atemgeräusche von sich geben (Anzeichen einer Lungenentzündung).
- keine entzündeten Stellen und Wunden besonders an der Bauchseite aufweisen.
- Während der intensiven Begutachtung sollte der Python ein gewisses Interesse am Betrachter entwickeln, was durch intensives Bezüngeln zu erkennen ist.

Adressen von Händlern und Züchtern sowie Termine für Reptilienbörsen findet man am einfachsten in Terraristik-Zeitschriften wie REPTILIA und DRACO, im Anzeigenjournal der DGHT und im Internet. Mehr Informationen dazu im Anhang dieses Buches.

Terrarium

Als Königspython-Terrarium sind am besten Behälter aus Glas, Glas-Alu, Holz oder Kunststoff geeignet. Empfehlenswert sind die handelsüblichen geschlossenen Becken mit Frontschiebescheiben. Es ist darauf zu achten, dass sich in der Behälterrück- oder -oberseite sowie unter den Glasschiebescheiben jeweils eine Belüftungsfläche aus Fliegengaze oder aus einem Lochblech befindet. Auf den Eigenbau von Terrarien soll an dieser Stelle nicht eingegangen werden, da sich hierzu genügend Anleitungen in der gängigen Terraristikliteratur finden lassen.

Zur Behältergröße ist zu sagen, dass es sich beim Königspython um eine relativ aktive Riesenschlangenart handelt und daher das Terrarium nicht zu klein gewählt werden sollte. Das Gutachten vom 10. Januar 1997 über „Mindestanforderungen an die Haltung von Reptilien" des Bundesministeriums für Ernährung, Landwirtschaft und Forsten empfiehlt eine Mindestgröße des Terrariums von $1,0 \times 0,5 \times 0,75$ bezogen auf die Gesamtlänge der Schlange und für höchstens zwei Tiere. Dies würde für zwei adulte Königspythons von 120 cm Gesamtlänge folgende Terrarienmaße bedeuten:

Länge = 120 cm; Tiefe = 60 cm; Höhe = 90 cm
Für jeden weiteren Python, der in diesem Terrarium untergebracht wird, sollen weitere 20 % des Terrariumvolumens zugegeben werden.

Diese Empfehlungen stellen natürlich nur die Mindestmaße für ein Königspythonterrarium dar, nach oben sind der Behältergröße keine Grenzen gesetzt. Jedoch sollte man die Höhe auf maximal 100 cm begrenzen, da sonst

Tabelle 1 – Mindestterrarienmaße für die Pflege verschiedener Anzahlen von Königspythons

Anzahl der Tiere (1 Tier = 120 cm)	Länge des Terrariums in cm	Tiefe des Terrariums in cm	Höhe des Terrariums in cm
2	120	60	90
3	125	70	90
4	145	70	90
5	155	75	90
6	160	80	90

Stürze aus großer Höhe, die aufgrund der doch sehr beschränkten Kletterfähigkeiten von adulten Königspythons nicht selten sind, zu ernsthaften Verletzungen führen könnten.

Standort

Der Standort eines Königspythonterrariums sollte möglichst an einem ruhigen Platz in einem Wohn- oder beheizten Kellerraum gewählt werden. Da es sich bei *Python regius* um durchaus sensible Schlangen handelt, kann ein allzu belebter Standort zu Stress bei den Tieren führen. Außerdem darf das Terrarium niemals an einem Fenster mit direkter Sonneneinstrahlung stehen, da es sonst zu einer Überhitzung und somit zu Lebensgefahr für die Pythons kommen kann. Aus dem gleichen Grund sind auch ausgebaute Dachböden zumindest im Sommer meist ungeeignet.

Auf das Abspielen sehr lauter Musik sollte in einem Zimmer mit Königspythons verzichtet werden, da die Schlangen zwar nicht hören, aber doch zumindest die Bässe wahrnehmen können und dadurch gestört werden. Auch die direkte Nähe zu einem Fernsehgerät ist zu meiden, um die Tiere nicht den elektromagnetischen Wellen auszusetzen.

Bodengrund

Für ein Terrarium von *Python regius* eignet sich eine Vielzahl von Substraten als Bodengrund. Das Wichtigste dabei ist, dass das Substrat zwar

Tabelle 2 – Vor- und Nachteile von verschiedenen Bodengrundbelägen

Bodengrund	Vorteile	Nachteile
Kleintiereinstreu	– sehr hygienisch – leicht zu reinigen – bindet sehr gut Exkremente	– optisch nicht sehr attraktiv
Rindenmulch	– optisch ansprechend – hält gut Feuchtigkeit	– guter Nährboden für Bakterien und Pilze – bindet schlecht Exkremente
Torferde	– optisch sehr attraktiv – hält gut Feuchtigkeit	– Nährboden für Mikroorganismen – trocknet schlecht
Blumenerde-Sand-Gemisch	– gute Optik – hält gut Feuchtigkeit	– Nährboden für Bakterien und Pilze – bei hoher Luftfeuchtigkeit schnell zu nass
Buchenspäne	– relativ hygienisch – bindet recht gut Exkremente	– optisch nicht so schön – neigt bei hoher Feuchtigkeit zu Schimmelbildungen
Zeitungspapier	– super hygienisch – optimal zu reinigen	– optisch äußerst unbefriedigend

Haltung

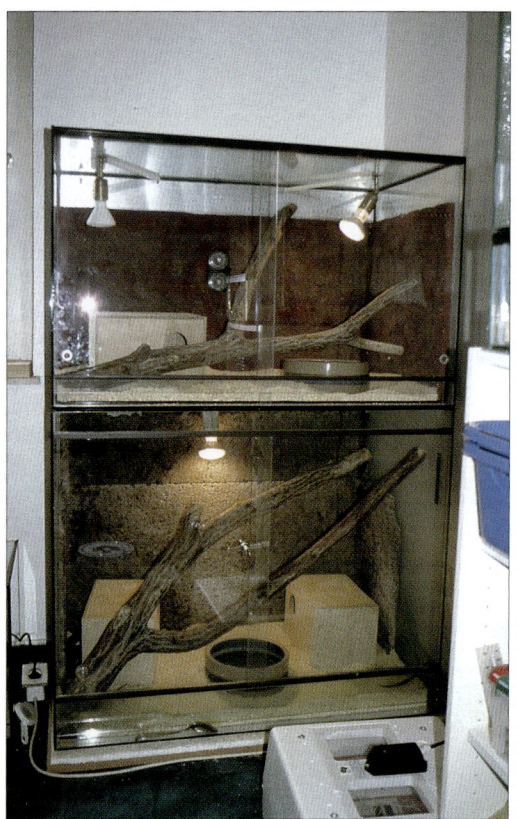

Terrarien zur Haltung von Königspythons mit Inkubator im Vordergrund   Foto: G. Schüßler

ze bietet, leicht zu reinigen ist und nach dem Übersprühen schnell wieder abtrocknet.
Tabelle 2 gibt Aufschluss über die Vor- und Nachteile der einzelnen Substrate.

Beleuchtung und Heizung

Da es sich bei *Python regius* um eine vorwiegend dämmerungs- und nachtaktive Schlange handelt, spielt die Beleuchtung eine untergeordnete Rolle. Auf eine UV-Bestrahlung kann völlig verzichtet werden. Es sollte nur für die Tiere ein deutlicher Tag-Nacht-Rhythmus erkennbar sein. Eine handelsübliche Leuchtstoffröhre ist für diesen Zweck absolut ausreichend. Die Beleuchtung sollte aufgrund der tropischen Herkunft des Königspythons ganzjährig etwa 12 Stunden täglich in Betrieb sein. Die Dauer kann über eine Zeitschaltuhr geregelt werden. Soll durch die Beleuchtung nicht nur Licht, sondern auch Wärme erzeugt werden, kommen je nach Terrariengröße ein bis zwei Spotstrahler zum Einsatz. Die verwendete Wattstärke der Strahler hängt von der Behältergröße ab und davon, ob weitere Wärmequellen eingesetzt werden, und sollte zwischen 40 und 100 W pro Strahler betragen.

Als weitere Beheizungselemente können Infrarotstrahler, Heizkabel, Heizmatten sowie Heizfelsen dienen. Es ist jedoch stets darauf zu achten, dass sich die Tiere nicht an den Wärmequellen verbrennen können. Aus diesem Grund sind alle Heizungen und Strahler außerhalb der Reichweite der Pythons zu installieren.

Temperatur und Luftfeuchtigkeit

Der Königspython stammt aus tropischen Gegenden mit hohen Temperaturen und einer hohen relativen Luftfeuchtigkeit. Diese Bedingungen gilt es im Terrarium nachzuahmen. In den Herkunftsgebieten von *Python regius* herrscht ein Wechsel von einer kühlen Trockenperiode und einer wärmeren regenreichen Feucht-

eine gewisse Feuchtigkeit speichert, aber nach dem Übersprühen schnell wieder so weit trocknet, dass die Schlangen nicht nass liegen.
Außerdem sollte der Bodengrund sehr gut die Exkremente (Ausscheidungen) der Pythons aufnehmen. Ungeeignet für ein Königspythonterrarium sind reiner Sand und Kies, die nur für Trockenterrarien verwendet werden sollten. Als Bodengrund eignen sich: Kleintiereinstreu, Rindenmulch, Buchenspäne, Torferde, Erde-Sand-Gemisch und trockenes Zeitungspapier. Ich selbst bevorzuge faserige Kleintiereinstreu, da diese sehr gut die Ausscheidungen bindet, keinen guten Nährboden für Bakterien und Pil-

Tabelle 3 – Terrarientemperaturen und relative Luftfeuchten im Jahresverlauf

Monate	Temperatur °C (Tag)	Temperatur °C (Nacht)	rel. Luftfeuchte % (Tag)	rel. Luftfeuchte % (Nacht)
Nov. – Jan.	23–28, lokal max. 30	ca. 20	55–65	70–80
Feb. – Okt.	26–32, lokal max. 35	23–25	65–75	80–90

periode. Die Trockenperiode fällt in die mitteleuropäischen Wintermonate. Während dieser Zeit sollten die Tagestemperaturen bei 23–28 °C liegen, bei einer lokalen Maximaltemperatur von ca. 30 °C. Nachts sollte die Temperatur auf etwa 20 °C absinken. Die relative Luftfeuchtigkeit sollte tagsüber 55–65 % betragen und nachts auf 70–80 % erhöht werden. Dies erreicht man durch ausgiebiges Sprühen mit lauwarmem Wasser, kurz bevor die Beleuchtung im Terrarium abgeschaltet wird. In Räumen mit Zentralheizung kann es im Winter zu einer so trockenen Luft kommen, dass ein weiteres Aussprühen des Behälters morgens notwendig wird, um die angestrebte Luftfeuchtigkeit zu erzielen. Liegen die Luftfeuchtigkeitswerte niedriger als oben angegeben, kommt es zu Häutungsschwierigkeiten der Schlangen. Die kühlere Trockenperiode sollte ungefähr drei Monate betragen.

Den Rest des Jahres sind Tagestemperaturen von 26–32 °C, bei einer lokalen Maximaltemperatur von ca. 35 °C, und Nachttemperaturen von 23–25 °C zu empfehlen. Tagsüber sollte die relative Luftfeuchtigkeit bei 65–75 % liegen und nachts Werte von 80–90 % erreichen. Zu diesem Zweck versprüht man morgens und abends lauwarmes Wasser.

Es ist darauf zu achten, dass ein Temperaturgefälle im Behälter existiert, damit die Pythons je nach Bedarf kühlere oder wärmere Stellen aufsuchen können. Dieses wird durch lokale Spotstrahler und/oder nur Teile des Terrarienbodens erwärmende Bodenheizungen (Kabel/Matte) erreicht. Temperatur und relative Luftfeuchtigkeit können mit Hilfe eines kombinierten Thermo- und Hygrometers kontrolliert werden.

Einrichtung

Auf gar keinen Fall darf ein ständig mit frischem Wasser gefülltes Trinkgefäß fehlen. Es sollte so bemessen sein, dass es den Tieren auch als Badegelegenheit dienen kann. Allerdings suchen Königspythons nur in Ausnahmefällen das Wasserbecken zum Baden auf.

Ebenfalls unerlässlich sind Versteckmöglichkeiten. Sind diese nicht vorhanden, stehen die Schlangen andauernd unter Stress. Als Unterschlupf eignen sich gebogene Rindenstücke, Korkröhren, umgedrehte Blumentöpfe aus Ton mit Einschlupfmöglichkeit, allerlei Kunststoffgefäße mit Schlupfloch und ganz besonders Brutkästen für Sittiche aus Holz. Meine eigenen Königspythons ziehen diese Nistkästen mit den Maßen 30 × 20 × 20 cm allen anderen Versteckmöglichkeiten vor. Die Kästen werden mit Kleintiereinstreu ausgepolstert, um den Schlangen optimale Ruheplätze zu gewährleisten und um die Reinigung zu erleichtern. Außerdem sollten in einem Königspythonterrarium ausreichend Klettermöglichkeiten vorhanden sein. Hierzu dienen robuste Kletteräste, die man fest im Terrarium verankert, um ein Umstürzen zu verhindern. Die Äste sollten eine Höhe von 80 cm nicht überschreiten, da, wie bereits erwähnt, adulte Königspythons bei ihren

Haltung

Python regius mit Schlupfkiste   Foto: G. Schüßler

Kletterversuchen häufiger abstürzen und bei größeren Höhen das Verletzungsrisiko deutlich ansteigt. Um Verbrennungen vorzubeugen, dürfen die Schlangen von den Kletterästen aus keine Möglichkeit haben, die Wärmestrahler zu erreichen. Auf eine Bepflanzung des Behälters sollte verzichtet werden. Pflanzen sind zwar sehr dekorativ und sorgen für eine höhere Luftfeuchtigkeit, aber aufgrund ihres relativ hohen Körpergewichtes zerdrücken die Königspythons innerhalb kurzer Zeit jegliche Vegetati-

Königspython auf einem Kletterast   Foto: H. Kirk

on. Wer trotzdem auf den optischen Wert von Pflanzen nicht verzichten möchte, sollte auf Kunststoffimitate zurückgreifen.

Empfehlenswert für jedes *Python-regius*-Becken sind Korkrückwände. Sie speichern über einen langen Zeitraum die Feuchtigkeit nach dem Sprühen und sorgen somit für eine gleich bleibend hohe relative Luftfeuchtigkeit. Es sollten nur Korkplatten verwendet werden, die keine giftigen Imprägnierungsmittel enthalten. Ein rauer Stein oder eine Wurzel als Häutungshilfe komplettieren die Einrichtung.

Terrarienhygiene und Quarantäne

Vor dem Einsetzen der Königspythons sind sowohl das Terrarium als auch sämtliche Einrichtungsgegenstände mit einem Desinfektionsmittel auf reiner Alkoholbasis zu reinigen und anschließend mit sauberem Wasser gründlich abzuspülen. Ist das Terrarium dann in Betrieb, muss man sämtliche Ausscheidungen und Häutungsreste stets sofort entfernen. Es ist auch darauf zu achten, dass das Wasserbecken immer sauber ist, da ein verschmutztes Trinkgefäß einen guten Nährboden für Bakterien bietet. Sämtliche Einrichtungsgegenstände sind nach Beschmutzung durch die Exkremente der Pythons gleich zu reinigen. Besitzt man mehrere Terrarien, so ist darauf zu achten, dass man für jedes separate Geräte, wie Plastiklöffel oder kleine Kunststoffschaufeln zur Entfernung von Ausscheidungen, Wischtücher zur Reinigung, Pinzetten usw. verwendet, um im Krankheitsfall die Verschleppung der Erreger von einem zum anderen Terrarium zu verhindern.

Bei der Anschaffung von neuen Tieren dürfen diese nicht unmittelbar zum etablierten Bestand hinzugefügt werden. Es ist ratsam, die Neulinge in einem speziell dafür eingerichteten Quarantäneterrarium unterzubringen. Dieses sollte wenn möglich in einem separaten Raum aufgestellt werden und so „steril" wie möglich ausgestattet sein. Als Bodengrund kommen

Haltung

Bei guter Pflege können Königspythons sehr alt werden. Dieses Weibchen dürfte inzwischen knapp 20 Jahre alt sein. Foto: D. Mahsberg

trockenes Zeitungspapier, Haushaltspapier oder Kleintiereinstreu in Frage. Alle diese Substrate nehmen sehr gut die Ausscheidungen der Tiere auf und lassen sich bei Verschmutzung leicht entfernen. Die beiden Papiersorten haben auch noch den Vorteil, bei Milbenbefall das schnelle Erkennen der Parasiten zu ermöglichen. Als Einrichtung gehören sonst lediglich noch ein Wasserbecken und ein leicht zu reinigender Unterschlupf in einen Quarantänebehälter.

Während der Quarantänezeit sind die Schlangen nach Außenparasiten wie Milben und Zecken abzusuchen und auf Krankheitssymptome zu beobachten. Bei Verdacht und auf jeden Fall bei Wildfängen und Farmtieren ist eine Kotuntersuchung auf Innenparasiten anzuraten. Hierfür wird eine frische Kotprobe in ein hierauf spezialisiertes Diagnosezentrum (Adresse siehe Anhang, S. 92) eingeschickt. Kommt es hierbei zu keinem positiven Befund, und zeigen die Tiere keinerlei Anzeichen für irgendwelche Krankheiten, können sie nach Beendigung der Quarantäne dem übrigen Bestand beigefügt werden. Im anderen Fall führt man eine Behandlung bei einem reptilienerfahrenen Tierarzt durch.

Die Quarantäne nimmt einen Zeitraum von mindestens sechs bis acht Wochen in Anspruch. Während dieser Phase sollten die Pythons nur wenn unbedingt notwendig in die Hand genommen werden, um unnötigen Stress zu vermeiden.

Regelmäßige Arbeiten im Terrarium

Täglich ist das Terrarium zu kontrollieren, und es sind sämtliche Ausscheidungen der Pythons zu entfernen. Außerdem ist bei Verschmutzung das Wasserbecken herauszunehmen und zu reinigen. Je nach Jahreszeit muss ein- oder zweimal am Tag das Terrarium gut ausgesprüht werden.

Alle zwei Tage, auch wenn es zu keiner sichtbaren Verunreinigung gekommen ist, sollte das Trink- und Badegefäß mit frischem, sauberem Leitungswasser gefüllt werden. Es ist empfehlenswert, mindestens einmal pro Woche das gesamte Substrat nach Exkrementen der Schlangen zu untersuchen, welche von den Tieren in den Bodengrund eingewühlt worden sein könnten.

Alle drei bis vier Monate ist der Austausch des kompletten Bodengrundes angezeigt.

Einmal im halben Jahr sollten nach dem Entfernen des Substrates das Terrarium selbst und alle Einrichtungsgegenstände mit einem milden Desinfektionsmittel auf Alkoholbasis und anschließend mit Leitungswasser gründlich gereinigt werden.

Fütterung

Im Normalfall bereiten eingewöhnte Wildfänge und Nachzuchttiere keinerlei Probleme bei der Nahrungsaufnahme. Königspythons nehmen willig jegliche Form von Nagetieren entsprechender Größe an. Als Futtertiere kommen besonders Labormäuse (*Mus musculus*), Laborratten (*Rattus norvegicus*), Vielzitzenmäuse (*Mastomys coucha*) sowie mongolische Wüstenrennmäuse (*Meriones unguiculatus*) in Frage. Manche Pythons zeigen zwar eine gewisse Vorliebe für eine bestimmte Beutetierart, aber in der Regel ist jede Schlange an jede der oben genannten Nagerarten zu gewöhnen. Das Futter ist in der Größe natürlich dem Bedarf der Königspythons anzupassen (siehe Tabelle 4).

Tabelle 4 – Futtermenge und Fütterungsintervalle bei *Python regius*

	Futtermenge	**Fütterungsintervall**
Frisch geschlüpfte Jungtiere, erste Lebenswochen	1 leicht behaartes Mäusebaby oder 1 frisch geborenes Rattenbaby	5–7 Tage
zwei bis sechs Monate alte Jungtiere	1 „Mäusespringer" oder 2–3 behaarte Mäusebabys oder 1 leicht behaartes Rattenbaby	5–7 Tage
sechs bis achtzehn Monate alte Jungtiere	2–3 „Mäusespringer" oder 1 adulte Maus oder 1 größeres Rattenbaby mit noch geschlossenen Augen	7–10 Tage
Halbwüchsige, eineinhalb bis drei Jahre alte Tiere	1–2 adulte Mäuse oder 1 „Rattenspringer" oder 1 Wüstenrennmaus	10–14 Tage
adulte Männchen und kleine adulte Weibchen (Länge 90-120 cm)	2–3 adulte Mäuse oder 1–2 „Rattenspringer" oder 1 kleinere adulte Ratte oder 1 Wüstenrennmaus	14–21 Tage
Große adulte Weibchen (Länge über 120 cm)	1 adulte Ratte oder 2 Wüstenrennmäuse	14–21 Tage

Haltung

Ein Königspython erspäht eine Rennmaus, geht in Angriffsposition und erbeutet sie. Fotos: H. Kirk

Die Fütterungsintervalle sollten bei Jungtieren zwischen fünf und sieben Tagen, bei Halbwüchsigen zwischen 10 und 14 Tagen sowie bei Adulten zwischen zwei und drei Wochen liegen (siehe Tabelle 4).
Während der Häutungsphase, zu erkennen an den scheinbar trüben, milchig aussehenden Augen, sollten die Tiere nicht gefüttert werden. Erst nach der abgeschlossenen Häutung kann man den Pythons wieder Futter anbieten.
Außer Kleinsäugern nehmen Königspythons auch verschiedene Vogelarten als Futtertiere an. Aufgrund der sehr streng riechenden Ausscheidungen nach dem Verzehr soll hier aber vom Verfüttern von Hühnerküken stark abgeraten werden.

Empfehlenswert ist es, die Schlangen einzeln außerhalb des Terrariums in Kunststoffboxen oder ähnlichen Behältern zu füttern. Hierdurch vermeidet man Streitigkeiten um Beutetiere zwischen den Pythons, die zu Beißereien und somit zu ernsthaften Verletzungen führen können. Außerdem hat sich gezeigt, dass Tiere, die immer außerhalb des gewohnten Terrariums gefüttert werden, nicht jegliche Bewegung im Terrarium mit Beute in Verbindung bringen und daher die Hand des Pflegers im Becken niemals attackieren.
Königspythons können lebende, frisch abgetötete oder auf Zimmertemperatur angewärmte tiefgefrorene Futtertiere angeboten werden. Will man auf eine eigene Futtertierzucht verzichten,

Haltung

so kann man lebende sowie auch tiefgekühlte Nager aus dem Handel beziehen.

Müssen aus Gründen von Zwangsfütterungen oder Ähnlichem Futtertiere abgetötet werden, so sollte man sich diese Prozedur vorerst von einem Fachmann zeigen oder von diesem durchführen lassen.

Probleme bei der Fütterung

Königspythons können von Zeit zu Zeit mehr oder weniger lange Fastenzeiten einlegen. Dies ist noch kein Grund zur Beunruhigung. So fasten die meisten Männchen und auch einige Weibchen während der Paarungszeit. Fast alle weiblichen Tiere verweigern während der Trächtigkeit oder zumindest in deren letztem Teil die Nahrungsaufnahme. Auch „brütende" Weibchen nehmen nur sporadisch Futtertiere an. Weiterhin können auch gesunde adulte *Python regius* aus noch ungeklärten Gründen außerhalb der Paarungs-, Trächtigkeits- und Brutzeit über mehrere Monate hinweg hartnäckig jegliche Beute ablehnen, ohne dass man sich Sorgen zu machen braucht. In der Regel werden diese Hungerzeiten von regelrechten Fresszeiten, in denen die Pythons große Mengen von Futter annehmen, wieder abgelöst.

Sollten die Tiere jedoch innerhalb der Fastenzeit sichtlich an Körpermasse verlieren, sodass Rippen und Wirbelsäule langsam sichtbar werden, wird es höchste Zeit zu handeln. Dieses gilt auch für Wildfänge mit den gleichen Anzeichen. Es sollten nun jegliche Arten (Labormäuse, Ratten, Vielzitzenmäuse, Grasmäuse, Wüstenrennmäuse, andere Gerbills) und Größen (nackte Jungtiere, behaarte Jungtiere, Springer, kleine adulte Tiere, große adulte Tiere) von Futtertieren lebend oder frisch abgetötet angeboten werden. Es hat sich auch bewährt, den Futterverweigerer zusammen mit einem harmlosen Beutetier über Nacht in einem kleineren Behälter zu belassen. Bei nestjungen Nagetieren sollten diese jedoch aus Tierschutzgründen vorher abgetötet werden. In diesem Kleinterrarium sollte sich ein sicheres Versteck, z. B. ein umgedrehter Blumentopf mit Einschlupfloch, befinden, aus dem der Python die Beute schlagen kann und sich trotzdem sicher fühlt. Führen jedoch alle Bemühungen zur natürlichen Futteraufnahme nicht zum Erfolg, bleibt einem nur noch die Zwangsfütterung. Es sei noch einmal darauf hingewiesen, dass diese Methode als absolute Notlösung anzusehen ist, wenn die Gesundheit der Tiere durch die Nahrungsverweigerung gefährdet ist und keinerlei Aussicht auf ein selbstständiges Fressen mehr besteht.

Es ist sinnvoll, zur Zwangsfütterung eine zweite Person mit hinzuzuziehen. Während die eine mit der einen Hand den Kopf des Pythons fixiert und mit der anderen den Köper hält, vollzieht die zweite Person die eigentliche Fütterungsprozedur. Mit einem kleinen Spatel oder Ähnlichem wird das Maul vorsichtig so weit geöffnet, dass das Futtertier mit seinem Kopf langsam hineingeschoben werden kann. Das Nagetier ist vorher abzutöten und mit Wasser leicht anzufeuchten, um es gleitfähiger zu machen. Die Größe des Beutetieres ist relativ gering zu wählen; auf keinen Fall sollte seine Breite die des Kopfes der Schlange überschreiten. Nun sollte es so weit wie möglich in den Schlund des Pythons verbracht werden. Von da an massiert man den Futterbrocken unter sanftem Druck die Speiseröhre hinunter bis in den Magen. Danach wird der Python vorsichtig, um ein Auswürgen zu verhindern, in sein Terrarium zurückgesetzt.

Die Nahrung kann ebenfalls über eine Magensonde verabreicht werden. Diese Methode sollte aber dem reptilienkundigen Tierarzt überlassen werden. Auf die äußerst selten auftretende Problematik von nicht fressenden Pythonbabys wird im Kapitel „Aufzucht der Jungtiere" (S. 54) eingegangen.

Links: Nach dem Erdrosseln wird die Beute vom Kopf her verschlungen. Fotos: H. Kirk

Gesundheitliche Probleme und Verletzungen

Zunächst einmal rate ich an dieser Stelle dringend davon ab, eigenmächtig ernsthafte Krankheiten und Verletzungen zu behandeln. In einem solchen Fall ist einzig und allein der Gang zum versierten reptilienkundigen Tierarzt angezeigt. Eine Liste solcher Fachleute ist bei der Geschäftsstelle der Deutschen Gesellschaft für Herpetologie und Terrarienkunde (DGHT) zu bekommen (Adresse siehe Anhang) oder dort auch im Internet einsehbar (www.dght.de).
Bei leichteren gesundheitlichen Problemen kann aber durchaus selbst gehandelt werden:

> Häutungsschwierigkeiten
Bleiben an einem Python nach der Häutung Reste der Haut an Körper, Kopf oder Schwanz, so müssen diese entfernt werden. Hierzu wird das Tier in ein kleineres Kunststoffterrarium gesetzt, das mit lauwarmem Wasser 5–10 cm tief gefüllt wird, je nach Größe der Schlange. Als Häutungshilfe sollte ein Stein oder ein anderer rauer Gegenstand mit eingebracht werden. Hier verbleibt der Königspython ca. 10–24 Stunden, bis sich die Häutungsreste vollständig abgelöst haben. Kühlt das Wasser während dieser Zeit ab oder wird es durch Ausscheidungen verschmutzt, wird es durch frisches handwarmes Wasser ausgetauscht. Sollten trotz des Badens noch Reste der Haut verbleiben, sind diese äußerst vorsichtig mit einer Pinzette vom Python zu entfernen. Besondere Vorsicht ist dabei an den Augen angezeigt, um Verletzungen zu vermeiden.

Häutungsschwierigkeiten sind ein Anzeichen von zu trockener Haltung oder Begleiterscheinungen ernsthafter gesundheitlicher Probleme. Im ersten Fall sollte die Luftfeuchtigkeit bei der Haltung erhöht werden und speziell vor einer anstehenden Häutung, zu erkennen an den trüben Augen der Schlange, häufiger und/oder stärker gesprüht werden. Im zweiten Fall hilft nur der Gang zum Tierarzt.

> Kleinere Wunden und Verletzungen
Kleinere Verletzungen können durch den Biss eines Futtertieres, Beißereien zweier Pythons um ein Beutetier, beim Sturz von einem Kletterast und bei der unsachgemäßen Handhabung durch den Pfleger oder bei Verbrennungen durch Strahler und Heizelemente entstehen. Die Wunden sollten so schnell wie möglich mit Alkohol oder Wasserstoffperoxyd desinfiziert werden. Es kann zusätzlich eine Behandlung mit einer Wund- und Heilsalbe auf Kamillenbasis erfolgen. Kommt es zu einer Entzündung

Vernarbte Verletzung eines Königspythons
Foto: B. Love/Blue Chameleon Ventures

Python regius mit Zeckenbefall
Foto: B. Love/Blue Chameleon Ventures

der verletzten Stellen oder handelt es sich um stark blutende Wunden, muss auf jeden Fall der Tierarzt aufgesucht werden.

> **Zeckenbefall**

Entdeckt man auf dem Königspython Zecken, die aufgrund ihrer Größe recht gut zu erkennen sind, so sollten diese mit einer Pinzette unter langsamem und vorsichtigem Drehen entfernt werden, damit der Kopf nicht abreißt. Auf keinen Fall sollten die Zecken zuvor mit Öl oder Ähnlichem überstrichen werden, da dies die Zecken zum Erbrechen und somit zur Abgabe von gefährlichen Krankheitserregern veranlassen könnte.

> **Milbenbefall**

Schwieriger gestaltet sich die Diagnose eines Milbenbefalles. Erst bei einem Massenauftreten sind diese auf den Schlangen selbst zu sehen. Eine einzelne Milbe ist aufgrund ihrer geringen Größe von ungefähr 0,5 mm (mit Blut vollgesogen ca. 2 mm) kaum zu erkennen. Häufig sieht man von Milben befallene Königspythons stundenlang im Wasserbehälter liegen. Im Wasser bleiben dann später viele ertrunkene Milben zurück, und man erkennt das Problem. Bei der Behandlung sind zunächst der ganze Bodengrund zu entfernen und sämtliche Einrichtungsgegenstände mit einem milden Desinfektionsmittel zu reinigen. Anschließend wird ein Milbenstrip in das Terrarium gehängt. Hierbei ist die Dosierung, siehe Herstellerangabe, auf die Größe des Terrariums abzustimmen. Bei mir hat sich der „Baygon-Insektenstrip" der Firma Bayer bewährt. Während der Behandlung sollten die Pythons auf Haushalts- oder trockenem Zeitungspapier und äußerst trocken (kein Besprühen) gehalten werden, damit das Medikament seine Wirkung entfalten kann. Ein kleines Trinkgefäß ist aber trotzdem zeitweise auf jeden Fall anzubieten. Der Behandlungszeitraum mit dem Milbenstrip sollte mindestens vier Wochen betragen, da nur die bereits geschlüpften Milben abgetötet werden und die Eier unbehelligt bleiben. Die Dosierung des Insektenstrips ist vorsichtig zu bemessen, um Vergiftungserscheinungen zu vermeiden.

In jüngerer Zeit werden gute Erfolge mit einer Milbenbehandlung mit dem Medikament „Frontline" gemeldet (EISENBERG 2001a, b). Eigene Erfahrungen hiermit habe ich nicht.

Bei allen anderen Krankheiten bleibt die Behandlung dem reptilienfachkundigen Tierarzt vorbehalten.

Transport und Handhabung

Bei der Haltung von Königspythons kann es von Zeit zu Zeit zu Situationen kommen, bei denen ein Transport des Tieres unumgänglich wird, z. B. für einen Besuch beim Tierarzt. Als geeignetste Transportbehälter für Schlangen haben sich Baumwoll- oder Leinensäcke bewährt. In der Enge und Dunkelheit des Beutels beruhigen sich die Tiere sehr schnell und empfinden somit weniger Stress während des Transportes. Es ist darauf zu achten, dass das Säckchen gut verschlossen ist, um ein Entweichen der Schlange zu verhindern. Hierzu wird die Öffnung mit einem Strick gut verknotet oder mit Klebeband umwickelt. An kühlen oder heißen Tagen sollte der Schlangenbeutel in einem thermostabilen Behälter, wie Styroporboxen oder Kühltaschen, transportiert werden, um eine Unterkühlung bzw. Überhitzung der Pythons zu vermeiden.

Auch Situationen, in denen ein Tier in die Hand genommen werden muss, werden dem Pythonpfleger des öfteren begegnen. Hierbei wird die Schlange mit einer Hand, bei größeren und schwereren Exemplaren mit beiden Händen, im mittleren Körperdrittel gegriffen. Niemals darf ein Königspython an Kopf, Hals oder Schwanz hochgenommen werden, da diese Vorgehensweise dem Tier Schmerzen verursacht. Soll das Tier fixiert werden, z. B. beim Entfernen von Häutungsresten oder für eine Zwangsfütterung, so hält man den Kopf mit der einen Hand direkt am Halsansatz, sodass der Python seinen Kopf nicht bewegen kann, und mit der anderen den Körper ungefähr in der Mitte des Tieres fest. Der Königspython wird sein hinteres Körperdrittel um den ihn haltenden Arm wickeln und ist optimal fixiert. Es besteht auch die Möglichkeit, dass eine zweite Person das hintere Drittel festhält.

Häufig auftretende Fehler bei der Pflege

Zu trockene Haltung
Fehler: Die Luftfeuchtigkeit im Terrarium ist zu niedrig.
Anzeichen:
- Die Häutungen erfolgen unvollständig in Fetzen, und Häutungsreste bleiben auf den Tieren haften.
- Die Pythons baden häufig und ausgiebig im Wasserbecken (absolut untypisch für Königspythons, kann aber auch auf einen Milbenbefall hinweisen).
- Es treten Atemwegserkrankungen auf, z. B. Lungenentzündungen.

Abhilfe:
- Häufiges und ausgiebiges Besprühen des Terrariums und seiner Einrichtung
- Verwendung eines geeigneteren Bodengrundes (siehe Unterkapitel „Bodengrund" S. 29)
- Verwendung von Korkrückwänden als Feuchtigkeitsspeicher

Zu feuchte Haltung
Fehler: Die Luftfeuchtigkeit im Terrarium ist zu hoch. Der Bodengrund trocknet nicht schnell genug wieder ab. Die Pythons liegen in ihren Verstecken zu nass.
Anzeichen:
- Mykosen (Pilzinfektionen der Bauchschuppen)
- Bläschenkrankheit; hierbei handelt es sich um Flüssigkeitsansammlungen unter bzw. in den Körperschuppen, bevorzugt an der Bauchseite.
- Auch bei zu feuchter Haltung kann es zu Lungenentzündungen kommen, besonders bei gleichzeitig zu niedrigen Temperaturen.

Abhilfe:
- Reduzierung der Luftfeuchtigkeit durch selteneres oder weniger ausgiebiges Sprühen
- Austausch des Substrates gegen eines, das nach dem Besprühen wieder schnell trocknet (siehe Unterkapitel „Bodengrund" S. 29)

Falsche Haltungstemperaturen
Fehler: Die Pythons werden zu kalt oder zu warm gehalten. Es werden keine jahreszeitlichen Temperaturschwankungen berücksichtigt.
Anzeichen:
- Zu hohe oder zu niedrige Umgebungstemperaturen können im Extremfall zum Tod der Tiere führen, etwa durch Überhitzung.
- Zu niedrige Temperaturen begünstigen Erkältungsinfektionen und Lungenentzündungen.
- Häufig verweigern zu kalt oder warm gehaltene Schlangen die Nahrungsaufnahme.
- Außerdem führen zu niedrige Temperaturen schnell zu einer zu hohen Luftfeuchtigkeit, während zu hohe Temperaturen das Gegenteil bewirken.
- Finden im Jahresverlauf keinerlei Temperaturschwankungen statt, so bleibt mit großer Sicherheit der Zuchterfolg aus.

Abhilfe:
- Einstellung der richtigen Temperaturen über einen Thermostat
- Einhaltung eines Temperaturzyklus mit drei kühlen Wintermonaten

Überfütterung
Fehler: Die Königspythons werden zu häufig und/oder zu reichhaltig gefüttert.
Anzeichen:
- Die Tiere verhalten sich träge, geradezu phlegmatisch. Selten durchstreifen sie das

Terrarium, sondern liegen nur im Versteck oder unter der Wärmequelle.
- Die Pythons sehen fett und aufgetrieben aus, die Haut zwischen den Schuppen wird an den Seiten sichtbar. Im Gegensatz zu trächtigen Weibchen, bei denen nur das hintere Körperdrittel anschwillt, sehen überfütterte Tiere am ganzen Körper fett aus.
- Außerdem bleibt bei verfetteten Königspythons der Fortpflanzungserfolg aus.

Abhilfe:
- Die Fütterungsintervalle sollten wie oben beschrieben eingehalten werden.
- Es sollten auch nicht zu große und zu viele Futtertiere gegeben werden.

Fütterung ohne Aufsicht
Fehler: Der Königspython wird allein mit dem Futtertier gelassen. Das Futter bleibt über einen zu langen Zeitraum im Terrarium.

Anzeichen:
- Wehrhafte Futtertiere wie Ratten oder Rennmäuse können den Spieß umdrehen und den Python angreifen. Ist nun der Pfleger nicht anwesend, kann es durch Bisse zu ernsthaften Verletzungen der Schlange kommen.
- Werden mehrere Königspythons gemeinsam in einem Behälter gefüttert, kann es zu Beißereien um ein Beutetier kommen, was ohne Aufsicht auch zum Tode einer oder beider Schlangen führen kann.

Abhilfe:
- Nimmt ein Königspython ein Futtertier nach wenigen Minuten nicht an, wird dieses wieder entfernt. Während der Fütterung verbleibt der Pfleger im Raum und beobachtet das Geschehen.
- Es werden keine Futtertiere über Nacht im Terrarium belassen.
- Man kann auch seine Pythons an frisch abgetötete oder aufgetaute Beutetiere gewöhnen.
- Es empfiehlt sich, die Tiere einzeln außerhalb des Terrariums in Kunststoffboxen zu füttern.

Mangelnde Hygiene
Fehler: Ausscheidungen, Häutungsreste werden nicht entfernt, das Wasser wird nicht alle zwei Tage erneuert, die Einrichtungsgegenstände und das Terrarium werden nicht regelmäßig gereinigt und der Bodengrund wird nicht ausgetauscht.

Anzeichen:
- Es treten bei den Königspythons bakterielle und Pilzinfektionen auf.
- Das Terrarium fängt an zu riechen.

Abhilfe:
- Das Terrarium, der Bodengrund, die Einrichtung und das Wasserbecken sind so sauber wie möglich zu halten.

Zu häufiges Handling
Fehler: Die Königspythons werden bei jeder Gelegenheit in die Hand genommen.

Anzeichen:
- Das zu häufige Handling führt zu Stress bei den Tieren. Dieser Stress kann sich oft in der Verweigerung der Nahrungsaufnahme zeigen. Außerdem wirken gestresste Tiere meistens träge und teilnahmslos.

Abhilfe:
- Das Handling von Königspythons sollte sich auf ein zuträgliches Maß beschränken.

Es gibt viele Situationen, in denen die Schlangen gehandhabt werden müssen. Auch gewöhnen sich die Tiere durch von Zeit zu Zeit durchgeführte Handlings besser an den Pfleger und verhalten sich ihm gegenüber ruhiger. Doch sollten den Pythons auch immer wieder Erholungsphasen gegeben werden, in denen man sie in Ruhe lässt. Besonders wenn sich die Tiere in der Häutungsphase befinden und direkt nach einer Fütterung sollte man sie nicht stören.
Von täglichem Handling rate ich dringend ab. Einmal pro Woche die Königspythons in die Hand zu nehmen, ist allerdings durchaus möglich.

Python regius
Foto: D. Mahsberg

Vermehrung

Geschlechtsunterschiede

Python regius besitzt keine deutlichen äußeren Geschlechtsunterschiede. Bei adulten Tieren sind häufig die größeren und schwereren Exemplare Weibchen. Aber auch das stellt kein zuverlässiges Kriterium dar. Nur bei gleichaltrigen, unter identischen Bedingungen aufgezogenen adulten Geschwistern kann man die Weibchen aufgrund der größeren Körperlänge und des höheren Gewichtes von den Männchen unterscheiden. Die Länge der Aftersporne, an der man bei vielen Riesenschlangenarten, z. B. dem Tigerpython (*Python molurus*), die Geschlechter deutlich erkennen kann, bietet keinen Anhaltspunkt, da diese bei beiden Geschlechtern von *Python regius* ähnlich ausgeprägt sind. Vor allem Jungtiere und Halbwüchsige sind aufgrund rein äußerlicher Merkmale keinem Geschlecht zuzuordnen. Die einzige Möglichkeit zur sicheren Geschlechtsdiagnose bei *Python regius* stellt das Sondieren dar. Bevor man sich jedoch an eine solche Prozedur wagt, sollte man sie sich mehrfach von einem erfahrenen Terrarianer zeigen und erklären lassen. Für das Sondieren verwendet man eine Knopfsonde aus Metall. Sondierbestecke (Knopfsonden verschiedener Stärke) erhält man in gut sortierten Terraristikfachgeschäften oder bezieht sie über den Terraristikversand. Bevor die Sonde in die Kloake der Schlange eingeführt wird, muss sie mit Alkohol oder Wasserstoffperoxyd desinfiziert und mit Kochsalzlösung oder auch Vaseline gleitfähig gemacht werden. Nun führt man die Sonde in die Kloakenöffnung ein und bewegt sie schwanzwärts. Hierbei muss äußerst vorsichtig und gefühlvoll vorgegangen werden, damit man nicht die dünnwandigen Moschusdrüsen der Weibchen oder die Wände der Hemipenistaschen der Männchen durchstößt und somit die Tiere verletzt. Bei den Weibchen dringt die Sonde nur eine sehr kurze Distanz in die Moschusdrüse ein, während bei den Männchen die Sonde viel tiefer in eine der beiden Hemipenistaschen einführbar ist. Beim Königspython dringt die Sonde im weiblichen Geschlecht bis zu drei Subcaudalia (Schuppen der Schwanzunterseite) ein, im männlichen bis zu zehn Subcaudalia. Die Eindringtiefe der Sonde ist am besten zu

Ergebnis des Sondierens eines weiblichen Königspythons Foto: H. Kirk

Ergebnis des Sondierens eines männlichen Königspythons Foto: H. Kirk

erkennen, indem man bei der größten Eindringtiefe den Daumen an der Kloakenöffnung an die Sonde legt und diese so herauszieht. Nun legt man die Sonde außen am Tier an und zählt, wie viele Subcaudalschuppen tief die Sonde eingeführt war. Eine zweite Person kann beim Sondieren äußerst hilfreich sein. Der Helfer fixiert mit der einen Hand die mittlere Körperpartie und mit der anderen Hand den Kopf des Königspythons. Der Sondierer selbst hält die Kloakenregion in einer Hand und führt mit der anderen die Sonde ein. Es kann manchmal vorkommen, dass aufgrund des kurzen, sehr muskulösen Schwanzes von *Python regius* die Sonde bei sich wehrenden Tieren auch beim Männchen nicht tief eindringt. Dann darf man auf keinen Fall Gewalt anwenden! Aber auch bei diesen Exemplaren kann durch vorsichtiges mehrfaches Sondieren das Geschlecht schließlich sicher bestimmt werden.

Geschlechtsreife

Das Erreichen der Geschlechtsreife beim Königspython ist zum einen vom Alter, aber noch viel mehr vom Körpergewicht abhängig. Männchen erreichen in der Regel früher die Geschlechtsreife als Weibchen, nämlich schon im Alter von zwei bis vier Jahren. Das nötige Körpergewicht schwankt von 650–900 g. Bei sehr stark gefütterten Jungtieren in den USA wurde die Geschlechtsreife in Ausnahmefällen sogar schon nach 1½ Jahren erreicht. Weibliche Königspythons brauchen im Normalfall drei bis fünf Jahre bis zur Zuchtreife. Ein Mindestgewicht von 1200 g ist für eine Trächtigkeit notwendig. Man sollte jedoch die Weibchen erst ab einem Gewicht von 1600 g für die Vermehrung heranziehen.

Fettzyklus

Das reife unbefruchtete Ei des Königspythons besteht zum einen aus der weiblichen Eizelle, zum anderen aus dem Dotter, der den Embryo nach der Befruchtung während seiner Entwicklung ernährt. Um eine ausreichende Dotterbildung (Vitellogenese) der Eier zu gewährleisten, muss das Weibchen über genügend Fettreserven verfügen. Bei Tieren ohne Fettreserven findet entweder gar keine Vitellogenese statt, oder die Eieranzahl und Qualität der Eier sind vermindert. Deshalb empfiehlt es sich, die weiblichen Pythons leicht zu überfüttern, bevor man sie zur Vermehrung heranzieht, damit sie ausreichende Fettreserven zur Dotterbildung anlegen können. Nach der Paarung reduziert das Weibchen allmählich die Nahrungsaufnahme, bis es nur noch sporadisch Beute annimmt oder die Futteraufnahme ganz einstellt. Dieser Zustand hält von der Trächtigkeit über die Eiablage und die Bewachung des Geleges während dessen Inkubation bis zum Schlupf der Jungtiere an. Hierbei werden fast sämtliche Fettreserven verbraucht. In den Folgemonaten müssen die weiblichen Königspythons genügend Nahrung aufnehmen, um die Fettreserven wieder aufzufüllen, damit eine erneute Vitellogenese gewährleistet ist. Dieser so genannte Fettzyklus und damit auch die Fortpflanzungsrate der Königspythons liegt in der Natur wohl bei zwei Jahren. Bei schlechtem Nahrungsangebot kann er auch eine Dauer von drei Jahren einnehmen. In der Gefangenschaft ist es möglich, den Fettzyklus deutlich zu beschleunigen und somit die Weibchen jedes Jahr zur Ablage eines befruchteten Geleges zu veranlassen. Dieses resultiert zum einen aus der reichhaltigeren und häufigeren Fütterung, und zum anderen aus der künstlichen Inkubation der Eier, da die Weibchen sehr schnell nach der Wegnahme der Eier wieder Futtertiere annehmen. Aufgrund der Bedeutung des Fettzyklus sollten, wie erwähnt, untergewichtige Weibchen nicht zur Vermehrung herangezogen werden und die Zuchtweibchen vor den Paarungen stark angefüttert werden. Die Männchen von *Python regius* besitzen keinen so ausgeprägten Fettzyklus. Sie müssen keine Reserven für die Spermienproduktion anlegen, und auch ihre Fastenzeit erstreckt sich nur über den Paarungszeitraum und ist somit deutlich kürzer als bei befruchteten Weibchen. Aus diesem Grund ist der Verlust an Fettreserven viel geringer und wird entsprechend schneller kompensiert. Deshalb können sich männliche Königspythons im Gegensatz zu Weibchen auch in der Natur jährlich fortpflanzen. Männchen sollte man dementsprechend spärlicher als Weibchen füttern.

Fortpflanzungsstimulation

Es gibt verschiedene Faktoren, die einen stimulierenden Einfluss auf das Fortpflanzungsverhalten von *Python regius* zeigen. Der entscheidende ist jedoch mit Sicherheit die Einhaltung eines Temperaturzyklus. Hierbei ist eine kühlere Phase in den Wintermonaten vor der eigentlichen Paarungssaison ganz besonders wichtig, da sie für die Lebensfähigkeit der männlichen Spermien notwendig ist. Die kühle Phase sollte ca. zwei bis drei Monate dauern und eine Nachttemperatur von etwa 20 °C sowie Tagestemperaturen von 23–28 °C aufweisen. Die Luftfeuchtigkeit, ein zweites entscheidendes Kriterium bei der Fortpflanzungsstimulation, ist während dieser Zeit relativ niedrig zu halten: 55–65 % tagsüber und 70–80 % nachts. Die Trennung der Geschlechter in dieser Phase hat sich bewährt. Am Ende der kühlen und trockenen Periode werden die Männchen zu den Weibchen gesetzt. Man sollte stets mehrere Männchen zusammen zu den weiblichen Königspythons setzen, da diese sich gegenseitig stimulieren, was gelegentlich in Kommentkämpfen (siehe unten) seinen Ausdruck findet.

Sind die Geschlechter zusammengeführt, werden nun die Tagestemperatur auf 26–32 °C und die Nachttemperatur auf 23–25 °C erhöht. Außerdem wird durch häufiges Sprühen die relative Luftfeuchtigkeit auf Tageswerte von 65–75 % und Nachtwerte von 80–90 % gesteigert. Einige Autoren nennen auch die Tageslichtlänge als Fortpflanzungsstimulanz. Dieses ist wohl jedoch aufgrund des Verbreitungsgebietes von *Python regius* in Äquatornähe auszuschließen. Ob weitere Punkte, z. B. unterschiedliche Luftdruckwerte, das Fortpflanzungsverhalten des Königspythons anregen, ist bisher noch nicht weiter untersucht.

Bleibt also festzuhalten, dass die Einhaltung eines Temperatur- und Luftfeuchtigkeitszyklus, die Trennung der Geschlechter vor dem Paarungszeitraum und der Einsatz mehrerer Männchen sich für die Stimulation der Paarungsaktivitäten bewährt und somit zur erfolgreichen Nachzucht von *Python regius* geführt haben.

Kommentkampf

Der Kommentkampf stellt eine Entschärfung des Beschädigungskampfes dar, das heißt, beim Kommentkampf werden gefährliche Kampfmethoden vermieden. Der Vorteil für den Sieger und den Verlierer des Kampfes liegt darin, dass das Risiko von Verletzungen oder gar des Todes stark reduziert ist. Besonders bei Tierarten mit gefährlichen „Waffen", wie Giftschlangen und horn- und geweihtragenden Paarhufern, ist der Kommentkampf weit verbreitet. Kommentkämpfe haben nicht die physische Ausschaltung des Gegners, sondern lediglich seine Unterwerfung zum Ziel, sodass es sich daher oft nur um reines Kräftemessen handelt. Bei Kommentkämpfen geht es immer um die innerartliche Konkurrenz um Ressourcen. Diese Ressourcen können Territorien, Nahrungsquellen oder Paarungspartner sein. Also können Kommentkämpfe auch zwischen Jungtieren, Weibchen und Tieren verschiedenen Geschlechtes stattfinden. Es handelt sich jedoch in den überwiegenden Fällen – bei *Python regius* sogar ausschließlich – um den ritualisierten Kampf geschlechtsreifer Männchen um Paarungspartner.

Während bei wirbellosen Tieren der Kommentkampf nur bei einigen „geweihtragenden" Insekten, z. B. Hirschkäfern, auftritt, ist er bei den Wirbeltieren weit vertreten. In der Klasse der Knochenfische und in der Klasse der Säugetiere findet man viele Arten, die Kommentkämpfe austragen. Auch bei den Reptilien ist dieser Kampftyp weit verbreitet. Während bei kleineren Echsen meist der Beschädigungskampf auftritt, kommt der Kommentkampf hauptsächlich in den beiden den Schlangen nach heutigem Stand verwandtschaftlich am nächsten stehenden Familien der Echsen vor, den Varanidae (Waranen) und Helodermatidae (Krustenechsen).

Innerhalb der Ordnung Serpentes (Schlangen) sind ritualisierte Kämpfe in den Familien Boidae (Riesenschlangen), Viperidae (Ottern), Crotalidae (Grubenottern), Elapidae (Giftnattern) und Colubridae (Nattern) bekannt. Bei den Crotalidae und den Viperidae handelt es sich um einen vertikal ausgerichteten Kampf, bei dem die Kontrahenten bei gerade aufgerichteten vorderen Körperdritteln versuchen, den Kopf des Gegners mit dem eigenen Kopf herunter zu schleudern. Es erfolgen keine Bisse. Der ritualisierte Kampf der Elapidae, Colubridae und Boidae gestaltet sich als horizontal ausgerichteter Kampf, bei dem die Tiere abwechselnd versuchen, aus einer parallelen Position heraus die Kopfregion des Gegners mit der eigenen herunter zu drücken, wobei sich die Schwänze und auch teilweise die Körper verdrillen.

Nach Beendigung der kühlen Phase und dem Zusammensetzen der Geschlechter zeigen, wie erwähnt, die männlichen Königspythons oft Kommentkampfverhalten das sich in drei Phasen gliedert. Die erste Phase ist die Kontaktaufnahme. Hierbei nähern sich die Männchen einander langsam und stark züngelnd, worauf sie sich anschließend intensiv gegenseitig bezüngeln. Die Kontaktaufnahme erfolgt also olfaktorisch (über den Geruchssinn) und ermöglicht somit dem Männchen zu differenzieren, ob es sich bei dem anderen Tier um ein reifes Weibchen oder einen männlichen Konkurrenten handelt. Die Phase der Kontaktaufnahme ist dann abgeschlossen, wenn einer oder beide Konkurrenten irgendeine Form von agonistischem Verhalten zeigen.

Die zweite Phase ist der eigentliche Kampf. Dieser wird stets durch eine aggressive Handlung eines Männchens oder beider eingeleitet. Die agonistische Verhaltensweise kann entweder ein Aufkriechen auf den Rücken des Kontrahenten oder ein Biss in dessen Körper sein. Das attackierte Männchen versucht den Angreifer von seinem Rücken abzuschütteln, indem es sein vorderes Körperdrittel brückenartig nach oben drückt. Es reagiert nun seinerseits mit agonistischem Verhalten, Aufkriechen oder Beißen, oder es ergreift die Flucht. Kommt es nicht zur Flucht, entwickelt sich nun das typische Kommentkampfmuster. Die Männchen befinden sich in einer parallelen Position zueinander. Mit S-förmig gebogenem vorderen Körperdrittel wird nun versucht, das vordere Körperdrittel und vor allem den Kopf des Gegners von oben kräftig auf das Substrat herunterzudrücken. Dieses wird von dem heruntergedrückten Tier in der Regel mit einer brückenartigen Abschüttelbewegung und einem anschließenden eigenen Versuch des Herunterdrückens des Gegners beantwortet. Es kommt zu einem abwechselnden Herunterdrücken und Sich-von-dem-Druck-Befreien der beiden Kontrahenten. Hierbei umschlingen sich häufig die Schwänze und die hinteren Körperdrittel korkenzieherartig. Diese Verhaltensweisen können in manchen Fällen durch Bisse der Männchen unterbrochen werden.

Die dritte Phase ist die Beendigung des Kampfes. Das unterlegene Tier ergreift relativ plötzlich die Flucht und versucht sich dem siegreichen zu entziehen. Häufig wird es dabei vom

Sieger durch das Terrarium verfolgt. Hierbei kann es weiter zu Aufkriechversuchen und Bissen seitens des Überlegenen kommen. Manchmal geschieht es aber auch, dass der Kampf von beiden Männchen eingestellt wird, ohne dass ein Sieger zu erkennen ist.

Die Intensität des Kommentkampfes bei *Python regius* variiert stark. Sie kann von leichteren Schiebereien über den klassischen Kampf mit Herunterdrücken der Kopfregionen bis hin zu schweren Beißereien reichen. Manchmal kommt es sogar zu einem Beschädigungskampf. WAREHAM (1993) berichtet von einem Kampf zweier gleich großer Männchen mit tödlichem Ausgang für eines der Tiere. Ein solcher Fall stellt jedoch absolut die Ausnahme dar. Bei *Python regius* verhalten sich die Männchen im Vergleich zu vielen anderen Riesenschlangen, z. B. Grüner Baumpython (*Morelia viridis*) und Teppichpython (*Morelia spilota variegata*), nicht sonderlich aggressiv zueinander. Im Normalfall gestaltet sich der Kommentkampf unblutig und fördert die Paarungsbereitschaft der Pythons. Nur im Falle von Beißereien sollte man die Männchen sofort trennen, um Verlusten vorzubeugen.

Paarung von *Python regius* Foto: T. Kölpin

Paarung

Nach dem Zusammensetzen der Geschlechter beginnen die Männchen in der Regel sofort, die Weibchen zu umwerben. Zuerst bezüngeln sie intensiv den Körper und vor allem die Kloakenregion der weiblichen Tiere (olfaktorische Kontaktaufnahme). Anschließend unternehmen die Männchen Aufkriechversuche auf die Rücken der Weibchen. Die Weibchen versuchen sich durch langsames Fortkriechen zu entziehen. Nun unternehmen die männlichen Königspythons weitere Aufkriechversuche, verbunden mit einem Bekratzen des Schwanzes, der Kloakenregion und des hinteren Drittels des Rückens der Weibchen mit Hilfe der Aftersporne, um die Weibchen zur Paarung zu stimulieren. Zeigt sich ein Weibchen schließlich paarungsbereit, verharrt es ruhig. Das Männchen umschlingt nun mit seinem Schwanz den Schwanz des Weibchens, wobei dieser leicht angehoben wird, und führt einen seiner zwei Hemipenes in die Kloake des Weibchens ein. Kopulationen können sowohl am Tage als auch in der Nacht stattfinden. Sie haben eine Dauer von wenigen Minuten bis hin zu mehreren Stunden. Die Paarungszeit im Terrarium erstreckt sich von Dezember bis April. Manchmal können auch Paarungsversuche zwischen zwei männlichen Tieren beobachtet werden. Ob es sich hierbei nur um Fehlversuche oder um Dominanzverhalten zwischen den Männchen handelt, ist bisher ungeklärt. In ganz seltenen Fällen kommt es auch zu Kopulationen zwischen zwei Weibchen (eigene Beobachtungen). Die Frage, ob es dabei sogar zur Spermaübertragung von einem bereits verpaarten Weibchen auf ein noch nicht verpaartes Weibchen kommen kann, eröffnet ein interessantes Forschungsfeld.

Trächtigkeit

Eine fortgeschrittene Trächtigkeit ist deutlich am Anschwellen des hinteren Körperdrittels zu erkennen. Zugleich verändert sich auch das Verhalten des Weibchens. Es verbringt nun deutlich mehr Zeit im Einflussbereich der Wärmequelle. Daher ist es auch unbedingt erforderlich, einem trächtigen Tier einen lokalen Wärmeplatz von ungefähr 35 °C anzubieten. Die trächtigen Königspythonweibchen nehmen gerne eine Position ein, bei der sich das hintere Körperdrittel in Seiten- oder sogar Rückenlage befindet. Leider ist dies kein sicheres Indiz für eine Trächtigkeit, da auch nicht trächtige Tiere manchmal, besonders nach üppigen Mahlzeiten, eine solche Position einnehmen. Das trächtige Weibchen ist so wenig Stress wie möglich auszusetzen. Aus diesem Grunde sind auch die Männchen aus dem Terrarium zu entfernen. Zu Beginn der Trächtigkeit nehmen die Königspythonweibchen noch Nahrung an. Die letzten vier bis acht Wochen vor der Eiablage verweigern sie jedoch die Nahrungsaufnahme.

In der Regel häuten sich die Weibchen drei bis fünf Wochen vor der Eiablage. Die genaue Dauer der Trächtigkeit ist schwierig zu ermitteln, da der Beginn der Trächtigkeit nicht am Datum einer beobachteten Paarung festzumachen ist. Es können aber ungefähr 120–130 Tage veranschlagt werden.

Eiablage und Eiablagebehälter

Direkt nach der letzten Häutung des Weibchens vor der Eiablage wird es Zeit, einen geeigneten Eiablageplatz vorzubereiten. Der Eiablagebehälter muss dem Weibchen Schutz bieten, eine Temperatur von ungefähr 30 °C und eine hohe relative Luftfeuchtigkeit von tagsüber 70–80 % sowie nachts 85–95 % aufweisen. Das Substrat des Eiablagebehälters sollte gut Feuchtigkeit speichern können und von lockerer Struktur sein, da die Weibchen vor der Eiablage eine Mulde formen. Es kommen Blumenerde, Torf-Sand-Gemische, Torfmoose und Ähnliches in Frage. Als Eiablagebehälter sind geeignet: Kunststoffboxen entsprechender Größe, in die ein Einschlupfloch und weitere kleinere Belüftungslöcher eingeschnitten werden müssen, Sittichnistkästen aus Holz, Unterteller für große Blumentöpfe, auf die der Blumentopf (ebenfalls mit Einschlupfloch und Belüftungslöchern) als Abdeckung kopfüber gestellt wird und Vergleichbares. Kurz vor der Eiablage ist der Wasserstand im Trink- und Badebecken relativ niedrig zu halten, um im Falle einer Ablage in den Wasserbehälter das schnelle Absterben der Eier zu verhindern. Bietet man dem trächtigen Weibchen keinen geeigneten Eiablageplatz an, kann es zur Legenot kommen. Anfangs kriecht es pausenlos im Terrarium umher, auf der Suche nach einem Ort für die Eiablage. Schließlich liegt es nur noch teilnahmslos irgendwo im Terrarium und nimmt weder Futter an, noch legt es die Eier ab. In diesem Zustand besteht äußerste Lebensgefahr für das Weibchen. Im Falle einer Legenot ist sofort ein kompetenter Tierarzt aufzusuchen, um das Weibchen und eventuell auch das Gelege zu retten.

Die Eiablage findet meistens in den Nachtstunden statt. Das Weibchen formiert die Eier in der Regel zu einem Gelegeklumpen. Direkt nach der Ablage sind sie noch feucht, flexibel und klebrig. Nach dem Aushärten sind Eier, die aneinander festgeklebt sind, nicht mehr ohne Gefahr der Beschädigung voneinander zu trennen. Der weibliche Königspython legt sich nach der Eiablage mit einigen Körperschlingen um das Gelege, um es zu bewachen.

Die Eiablage findet von Mitte Februar bis Ende Juni statt.

Gelege- und Eigröße

Die Gelegegröße ist abhängig vom Alter und vom Ernährungszustand der Weibchen. Auch spielt es sicherlich eine Rolle, ob ein Weibchen jedes Jahr oder nur alle zwei Jahre ein Gelege absetzt. Die Gelegegröße variiert zwischen einem und fünfzehn Eiern. Sehr junge und kleine

Vermehrung

Weibchen kurz nach der Eiablage. Jedes der fünf Eier wog etwa 100 g – bei einem Körpergewicht der Mutter von 2 kg!
Foto: D. Mahsberg

Weibchen setzen bei ihrer ersten Ablage manchmal nur ein oder zwei Eier ab. Gelege mit einem Umfang von über 10 Eiern stellen sicherlich die Ausnahme dar. Im Normalfall besteht ein Königspythongelege aus vier bis acht Eiern.

Python regius legt im Verhältnis zur Größe der ausgewachsenen Tiere äußerst große Eier. Dabei spielen die Gelegegröße und die Größe des Muttertieres keine Rolle für die Größe der einzelnen Eier. Ihre Länge variiert von 6,5–8 cm, die Breite von 4–5 cm. Die durchschnittliche Eigröße kann mit 7,5 × 4,5 cm angegeben werden. Das Ablagegewicht eines Eies liegt zwischen 80 und 100 g.

Tabelle 5 – Eigrößen eines exemplarisch ausgewählten Geleges

Einummer	Länge (cm)	Breite (cm)
1	8,3	4,3
2	7	4,5
3	7,9	4,9
4	7,1	4,8
5	7	4,8
6	6,9	4,4
Mittelwert	7,4	4,6

Naturbrut

Hat nun ein Weibchen ein Gelege abgesetzt, muss man sich entscheiden: Lässt man die Eier

Das Königspythonweibchen legt sich mit einigen Körperschlingen um das Gelege, um es zu bewachen.
Foto: D. Mahsberg

beim Weibchen im Terrarium, oder überführt man sie in einen künstlichen Inkubator. *Python regius* kann – nach derzeitigem Kenntnisstand – nicht wie Blutpython (*Python curtus*), Tigerpython (*Python molurus*), Grüner Baumpython (*Morelia viridis*) und Diamantpython (*Morelia spilota spilota*) durch Muskelkontraktionen die Temperatur im Gelege erhöhen (siehe aber Bemerkung oben). Seine Brutaktivitäten beschränken sich lediglich auf einen Schutz der Eier und eine gewisse Pufferung der Temperatur und Luftfeuchtigkeit durch Lockern bzw. Schließen der Körperschlingen um das Gelege. Daher müssen bei einer Entscheidung für die Naturbrut Temperatur und Luftfeuchtigkeit im Brutterrarium im optimalen Bereich für die Zeitigung der Eier liegen und von außen kontrollierbar sein. Am besten setzt man das Weibchen bereits einige Wochen vor der Eiablage in ein separates Brutterrarium, damit es noch genügend Zeit hat, sich an die neue Umgebung zu gewöhnen. Das Brutterrarium sollte nicht zu große Abmessungen haben: Bestens geeignet sind Terrarien der Größe 60 × 40 × 40 cm. Diese bestückt man lediglich mit den notwendigsten Einrichtungsgegenständen, also dem Eiablagebehälter mit geeignetem Substrat, einem kleinen Trinkgefäß und einem Thermo-Hygrometer mit zwei Fühlern, wobei der eine die Temperatur und Luftfeuchtigkeit im Eiablagebehälter und der andere Temperatur und Luftfeuchtigkeit im Brutterrarium anzeigt. Als Wärmequelle installiert man eine Heizmatte oder ein Heizkabel unter dem Brutterrarium, damit das Gelege von unten optimal erwärmt wird. Die Temperatur sollte im Eiablagebehälter zwischen 28 und 31 °C liegen und kann nachts auf 23–26 °C absinken. Die Luftfeuchtigkeit sollte im Brutterrarium Werte von 75–90 % und in der Eiablagekiste 85–95 % erreichen. Bei geringeren Luftfeuchteitswerten besteht die Gefahr, dass die Eier einfallen, an Volumen verlieren und dehydrieren (austrocknen). Eine Erwärmung des Geleges auf Werte von über 33 °C ist zu vermeiden, da diese zum Absterben der Eier führen. Während der natürlichen Inkubation kann man dem Weibchen kleinere Futtertiere anbieten, die häufig verzehrt werden, ohne dass das Weibchen das Gelege verlässt. Stimmen die Brutbedingungen, so ritzen die Jungschlangen nach ca. acht bis 10 Wochen die Eischalen an. Daraufhin verlässt das Weibchen sein Gelege und kann nun in sein angestammtes Terrarium zurückgesetzt und die nächsten Wochen und Monate ausreichend gefüttert werden, damit es wieder zu Kräften kommt.

Künstliche Inkubation

Sollte das Königspythonweibchen die Eier nicht annehmen, kein geeignetes Brutterrarium vorhanden sein oder sollten keine kontrollierbaren Bedingungen für Temperatur und relative Luftfeuchtigkeit im Terrarium vorliegen, muss auf eine Naturbrut verzichtet und eine künstliche Inkubation der Eier durchgeführt werden. Für den Fall, dass das Weibchen das Gelege nicht verlassen hat und es bewacht, muss das Muttertier zunächst äußerst vorsichtig entfernt werden. Hierzu wird ein Handtuch oder Ähnliches über die Schlange und die Eier gelegt, um das Weibchen zu beruhigen. Nun werden vorsichtig die Schlingen des Königspythonweibchens von den Eiern gelockert, und man hebt die Schlange langsam an, ohne das Gelege mit nach oben zu ziehen. Ist die Mutterschlange von den Eiern entfernt, sind diese in einen geeigneten Inkubator zu verbringen. Während der Überführung in den Brutkasten dürfen die Eier weder axial gedreht werden, noch trennt man zusammengeklebte Eier voneinander. Beides würde das Absterben der Eier zur Folge haben. Als Inkubatoren sind verschiedene Kunstglucken, Motorbrüter, Flächenbrüter oder Ähnliches geeignet. Diese sind im Terrarienfachhandel erhältlich. Auch der Selbstbau eines Brutkastens ist möglich. Eine Styroporkiste mit Heizkabel und Thermostat ist die einfachste Lösung. Auch ein ausgedientes Aquarium mit Heizstab, 10–20 cm hoch mit Wasser gefüllt, in das auf einem Ziegelstein oder Ähnlichem ein Plastikgefäß gestellt wird, ist bestens geeignet. Um die Luftfeuchtigkeit hochzuhalten, sollte das Aquarium mit einer Glasscheibe abgedeckt werden, die leicht schräg aufliegt, damit das Schwitzwasser ablaufen kann.

Als Brutsubstrat kommen verschiedene Materialien in Frage: Torf, Blumenerde-Sand-Gemische oder auch Schaumstoff, in den Buchten für die Eier ausgeschnitten werden, sind einsetzbar. Am besten hat sich jedoch Vermiculit, ein Schichtmineral, bewährt. Das Vermiculit sollte immer feucht, aber nicht nass sein. Wenn beim Drücken in der Faust ein wenig Flüssigkeit ausdringt, besitzt das Vermiculit die richtige Feuchte. Vermiculit ist im Terrarienhandel

Inkubator mit Eiern   Foto: G. Schüßler

Vermehrung

erhältlich und sollte auch darüber bezogen werden, denn im Baustoffhandel erhältliche Produkte sind manchmal mit Zusatzstoffen versehen, die möglicherweise die Eier schädigen können (WENGLER 1994).

Die Bruttemperatur sollte auf 29–31 °C eingestellt werden. Eine Nachtabsenkung auf 24–26 °C ist möglich, aber nicht erforderlich. Das Brutsubstrat ist regelmäßig nachzufeuchten, damit ständig eine relative Luftfeuchtigkeit von 90–95 % im Brutbehälter herrscht. Ist die Luftfeuchtigkeit zu niedrig, fallen die Eier ein und vertrocknen.

Bevor man das Gelege in den Inkubator überführt, sollte das Brutsystem schon eine Zeit lang in Betrieb sein, damit man die Temperatur und Luftfeuchtigkeit optimal einstellen kann.

Schlupf der Jungtiere

Nach ungefähr 50–70 Tagen ritzen die Jungtiere die Eischalen an. Hierfür benutzen sie den so genannten Eizahn, ein spezielles Organ, das einzig der Öffnung des Eies dient. Der Eizahn

Schlupf junger Königspythons. Beim rechten Foto ist der Eizahn schwach zu erkennen.   Fotos: D. Mahsberg

Vermehrung

So passen 40 cm Schlange in ein Ei von 7 × 5 cm!
Foto: D. Mahsberg

geht schon kurze Zeit nach dem Schlupf verloren. Die Zeitigungsdauer ist sehr stark von der Temperatur abhängig. Bei einer Inkubationstemperatur von 30,3 °C liegt sie ungefähr bei acht Wochen. Bei einer niedrigeren Temperatur oder einer Nachtabsenkung erhöht sich die Inkubationsdauer auf bis zu 10 Wochen. Die Bruttemperatur hat bei *Python regius* keinen Einfluss auf die Geschlechtsverteilung der Jungtiere, wie es von vielen anderen Reptilienarten bekannt ist – der Königspython besitzt wie die meisten Schlangenarten Geschlechtschromosomen. Nach dem Anritzen der Eischalen verbleiben die jungen Königspythons noch für ein bis zwei Tage in ihren Eiern. Meist schauen lediglich die Köpfe der Jungschlangen während dieser Zeit heraus. Nähert man sich dem Gelege, ziehen die Kleinen sofort den Kopf in das schützende Ei zurück, um ihn nach einer gewissen Zeit erneut aus dem Ei hervorzustrecken. Gelegentlich kommt es bei *Python regius* zu Zwillingsgeburten, das heißt, es schlüpfen zwei Jungschlangen aus demselben Ei. GRUND (2001) berichtet von drei Zwillingseiern in einem Gelege von insgesamt neun Eiern.

Aufzucht der Jungtiere

Die Jungschlangen sind, nachdem sie das Ei vollständig verlassen haben, in ein Aufzuchtterrarium zu überführen. Die jungen Königspythons können einzeln, aber auch in Gruppen

Königspythonbabys nach dem Schlupf
Foto: D. Mahsberg

Jungschlange verlässt ihren Unterschlupf
Foto: D. Mahsberg

Vermehrung

Python regius, Schlüpfling   Foto: B. Love/Blue Chameleon Ventures

aufgezogen werden. Das Aufzuchtterrarium muss ein leicht zu reinigendes Bodensubstrat aufweisen, wie Küchenpapier, getrocknetes Zeitungspapier oder Kleintierstreu. Als Einrichtungsgegenstände nutzt man ein großes Wassergefäß, ein geeignetes Versteck und eventuell einige Kletteräste. Die Temperatur stellen Sie auf tagsüber 26–32 °C mit einer Nachtabsenkung auf 23–25 °C ein. Die relative Luftfeuchtigkeit sollte Werte von 80–90 % erreichen. Auf gar keinen Fall darf die Luftfeuchtigkeit auf unter 80 % absinken, da die Jungschlangen besonders bis zur ersten Häutung sehr schnell dehydrieren (austrocknen). Die erste Häutung erfolgt nach 10–30 Tagen, meistens jedoch nach ungefähr zwei Wochen.

Fütterung der Jungtiere

Kurz nach der ersten Häutung sollte den jungen Königspythons das erste Mal Futter angeboten werden. Hierfür können leicht behaarte Mäusebabys oder frisch geborene Rattenbabys verwendet werden. In der Regel gehen die Jungschlangen willig an die Beutetiere. Es spielt keine Rolle, ob die Futtertiere tot oder lebend gereicht werden. In manchen Fällen verweigern die Jungtiere aber die Nahrungsaufnahme. Dann sollten verschiedene Futtertiere und -größen ausprobiert werden. Man kann es mit nackten Mäusebabys, „Mäusespringern", leicht behaarten oder nackten Wüstenrennmausbabys oder mit Vielzitzenmausbabys versuchen, die

Vermehrung

Frisch geschlüpfter Königspython: 37 cm lang, 370 g schwer. Die glatte, porzellanartig glänzende Geburtshaut wird nach der ersten Häutung durch ein samtig schimmerndes Kleid ersetzt. Foto: D. Mahsberg

man tot oder lebend anbietet. Sollte keines der aufgeführten Futtertiere angenommen werden, hat es sich bewährt, dem jungen Königspython die Möglichkeit zu bieten, das Opfertier aus einem Unterschlupf heraus zu schlagen. Funktioniert auch das nicht, so ist es einen Versuch wert, die Jungschlange über Nacht mit einem toten (!) Futtertier in einer kleinen Kunststoffbox zu lassen. Meist wird das Futter durch den ständigen Kontakt in der engen Box bis zum Morgen gefressen. Sollte jedoch auch dies nicht klappen, bleibt einem nur noch die Zwangsfütterung. Allerdings sollte man dazu erst schreiten, wenn die oben angesprochenen Methoden mindestens acht bis 10 Wochen probiert wurden, ohne zum Erfolg zu führen.

Junger Königspython Foto: B. Love/Blue Chameleon Ventures

„Königspythonpsychologie"

Der Königspython wird immer wieder als robuste Anfängerschlange bezeichnet. Diese Behauptung ist jedoch absolut falsch. Bei *Python regius* handelt es sich vielmehr um eine der sensibelsten Riesenschlangenarten. Er zeigt sich als äußerst stressanfällig. Die übliche Antwort auf zu viel Stress ist die Nahrungsverweigerung. Dies betrifft ganz besonders adulte Wildfänge, die oft monatelang jegliches Futter ablehnen. Zwar kann dies in einigen Fällen auch auf eine Nahrungsspezialisierung auf Nager der Gattung *Gerbillus* als Beute zurückzuführen sein, aber meistens liegt die Futterverweigerung am Stress durch Fang, Hälterung beim Zwischenhändler in Afrika, Transport nach Europa und erneute Hälterung beim Zoohändler. Während die Verweigerung aufgrund von Nahrungsspezialisierung oft durch das Verfüttern von Wüstenrennmäusen gelöst werden kann, helfen gegen das Fasten aufgrund von Fang- und Transportstress nur Ruhe und sehr viel Zeit, damit die Pythons sich einleben können. Aber Stressanfälligkeit zeigt sich auch bei eingewöhnten Wildfängen und Nachzuchten. Ein unruhiger Standort des Terrariums, zu viele Terrarienbewohner oder zu häufiges Herausnehmen aus dem Terrarium stellen Stressfaktoren für die Königspythons dar und können zur Nahrungsverweigerung führen. Aus diesem Grund sollte man einen nicht allzu belebten Platz in der Wohnung für das Königspythonterrarium wählen, die Anzahl der Schlangen den Maßen des Terrariums entsprechend begrenzen und maximal ein- bis zweimal pro Woche die Pythons aus dem Terrarium herausnehmen. Auch wehrhafte Futtertiere können zu Stresssituationen führen. Wird ein Königspython von einem Beutetier gebissen, kann er eine regelrechte Angst gegenüber dieser Futtertierart entwickeln oder sogar komplett die Nahrung verweigern. Solchen Schlangen sollte man viel Ruhe gönnen und erst einmal kleinere und weniger wehrhafte Futtertiere anbieten, z. B. Mäuse anstelle von Ratten oder Wüstenrennmäusen.

Nimmt man jedoch Rücksicht auf das sensible Wesen des Königspythons, bietet ihm eine ruhige Umgebung und beschränkt das Handling auf ein angemessenes Maß, so zeigt sich *Python regius* als interessanter und gut haltbarer Pflegling im Terrarium. Gesunde Nachzuchten können unter Berücksichtigung der oben angeführten Punkte auch durchaus vom Einsteiger in die Terraristik gepflegt werden. Allerdings sollte man sich immer vor Augen führen, dass es sich bei *Python regius* nicht um ein Kuscheltier, sondern um ein Wildtier handelt, dem Sie möglichst naturnahe Bedingungen im Terrarium bieten sollten. Hierzu gehört mit Sicherheit nicht, die Pythons täglich aus dem Terrarium zu nehmen, um diesen Kuscheleinheiten zu verabreichen. Wer aus solchem Bedürfnis heraus ein Tier halten möchte, sollte auf die Schlangenhaltung verzichten und besser auf die klassischen Haustiere wie Hund, Katze oder Kaninchen zurückgreifen.

Ein weiterer Punkt der „Königspythonpsychologie" ist die Individualität der einzelnen Exemplare, die unter allen Riesenschlangen bei *Python regius* vergleichsweise stark ausgeprägt ist. Die individuellen Unterschiede zeigen sich beim Beuteerwerb (mutige Jäger bis zu vorsichtigen oder gar ängstlichen Exemplaren), beim Verhalten dem Menschen gegenüber (scheu bis zutraulich, rein defensiv bis hin zu bissig) und in der Stressempfindlichkeit (von sehr empfindlich bis äußerst robust). Jeder Königspython ist also eine kleine Persönlichkeit. Daher ist es für den Pfleger notwendig, bei der Haltung seiner Tiere auf diese individuellen Unterschiede Rücksicht zu nehmen, um jahrelang Freude an gesunden und möglichst wenig gestressten Königspythons zu haben.

Farb- und Zeichnungsvarianten

In den letzten Jahren sind immer mehr Farb- und Zeichnungsvarianten von *Python regius* aufgetaucht. Während einige Terrarianer diese als unnatürlich ablehnen, erfreuen sie sich bei vielen anderen einer besonderen Beliebtheit. Vor allem in den USA ist ein regelrechter Boom mit Farb- und Zeichnungsvarianten des Königspythons zu beobachten. Die Preise, die dort für besonders attraktive Varianten bezahlt werden, erreichen oft Schwindel erregende Höhen bis in den fünfstelligen Dollarbereich. Diese Entwicklung hat dazu geführt, dass neben echten, vererbbaren Farb- und Zeichnungsmutationen eine Reihe doch äußerst zweifelhafter bzw. nicht vererbbarer Varianten auf dem Markt erscheint. Man kann sogar sagen, dass jedes nur etwas von der Norm abweichende Individuum sofort als neue Farb- bzw. Zeichnungsvariante für einen hohen Betrag angeboten wird. Um hier etwas Licht ins Dunkel zu bringen, werden in diesem Kapitel alle zurzeit gängigen Farb- und Zeichnungsvarianten besprochen und, soweit geklärt, die genetischen Grundlagen dieser Varianten angeführt.

Zum besseren Verständnis der Vererbung von Farb- und Zeichnungsanomalien bedarf es eines kleinen Exkurses in die Genetik:

Die Erbinformation, die von einer Generation zur nachfolgenden weitergegeben wird, ist in den Genen enthalten. Das Gen ist eine Funktionseinheit, die ein äußerlich sichtbares Erbmerkmal (Phän) bestimmt. Die einzelnen Gene sind zu mehreren auf verschiedenen Chromosomen lokalisiert. Der Königspython besitzt, wie die meisten höheren Lebewesen, einen diploiden Chromosomensatz. Das bedeutet, dass jedes Individuum in jeder seiner Zellen alle Chromosomen und somit auch jedes Gen doppelt vorliegen hat.

Bei der sexuellen Fortpflanzung kommt es zu einem Austausch von Genen und somit zur Entstehung zahlreicher neuer Genkombinationen. Dies ist die Folge daraus, dass beide Elternteile jeweils einen haploiden (einfachen) Chromosomensatz für den neuen diploiden Chromosomensatz der Tochterzelle beisteuern. Die Erbinformationen jedes Jungtieres bestehen also zur Hälfte aus den Genen des Vaters und zur anderen Hälfte aus den Genen der Mutter.

In seltenen Fällen treten erbliche Veränderungen, so genannte Mutationen, in den Genen auf. Diese führen dazu, dass die Gene in verschiedenen Erscheinungsformen, die als Allele bezeichnet werden, vorliegen. Es gibt nun verschiedene Erbgänge, bei denen sich die Allele in unterschiedlicher Weise zueinander verhalten.

An dieser Stelle sollen die beiden am häufigsten vorkommenden und für Farb- und Zeichnungsformen bei *Python regius* relevantesten Erbgänge beschrieben werden.

Dominant-rezessiver Erbgang:
Bei diesem Erbgang ist ein Allel dominant über das andere, das dementsprechend als rezessiv bezeichnet wird. Im Normalfall ist das Wildtyp-Allel dominant über das Mutations-Allel. Damit die Mutation nach außen hin sichtbar wird, müssen daher beide Allele in der mutierten Form vorliegen. Solche Individuen werden als homozygot rezessiv bezeichnet. Tiere, die ein Allel in der Wildtyp-Form und das andere in der Mutations-Form haben, werden heterozygot genannt und zeigen äußerlich das Aussehen des Wildtypes. Exemplare mit beiden Allelen in der Wildtyp-Form heißen homozygot dominant. Ein typisches Beispiel für den dominant-rezessiven Erbgang ist die amelanistische Farbform des Königspythons. Amelanistische Exemlare sind homozygot rezessiv. Kreuzt man zwei solcher Tiere miteinander, so sind sämtliche Nachkommen ebenfalls homozygot rezessiv und somit amelanistisch. Ver-

paart man einen Amelanisten mit einem homozygot dominanten normalfarbigen Python, so sind alle Jungtiere normalfarbig, aber heterozygot für Amelanismus. Wird ein solcher heterozygoter Königspython mit einem amelanistischen zurückgekreuzt, so ist die Hälfte des Nachwuchses normal gefärbt, aber heterozygot für Amelanismus, und die andere Hälfte amelanistisch. Werden zwei heterozygote Schlangen miteinander verpaart, so ist ein Viertel der Jungtiere amelanistisch, ein Viertel normalfarbig homozygot dominant, und zwei Viertel sind normalfarbig aber heterozygot für Amelanismus (diese Mengenverhältnisse sind natürlich immer der statistische Durchschnitt – im einzelnen Gelege kann die Verteilung ganz anders aussehen). Zur besseren Veranschaulichung siehe Kreuzungsquadrate 1 bis 4.

Dominant-rezessiver Erbgang:
(am Beispiel von Amelanismus bei *Python regius*)

Kreuzungsquadrat 1
homozygot rezessiv (aa) × homozygot rezessiv (aa)

Vatertier \ Muttertier	a	a
a	aa	aa
a	aa	aa

Ergebnis: 4-mal (aa)
= 100 % amelanistische Jungtiere

Kreuzungsquadrat 2
homozygot dominant (AA) × homozygot rezessiv (aa)

Vatertier \ Muttertier	a	a
A	Aa	Aa
A	Aa	Aa

Ergebnis: 4-mal Aa
= 100 % heterozygote normalfarbige Jungtiere

Kreuzungsquadrat 3
heterozygot (Aa) × homozygot rezessiv (aa)

Vatertier \ Muttertier	a	a
A	Aa	Aa
a	aa	aa

Ergebnis: 2-mal Aa und 2-mal aa
= 50 % heterozygote normalfarbige und
  50 % amelanistische Jungtiere

Kreuzungsquadrat 4
heterozygot (Aa) × heterozygot (Aa)

Vatertier \ Muttertier	A	a
A	AA	Aa
a	aA	aa

Ergebnis : 1-mal AA, 2-mal Aa und 1-mal aa
= 25 % homozygote normalfarbige Jungtiere,
  50 % heterozygote normalfarbige Jungtiere,
  25 % amelanistische Jungtiere.

Erklärungen:
A: dominantes Allel (Wildtyp-Allel)
a: rezessives Allel (Amelanismus-Allel)
AA: homozygot dominant (normalfarbig)
Aa: heterozygot (normalfarbig)
aa: homozygot rezessiv (amelanistisch)
×: Kreuzung

Intermediärer Erbgang:

Bei diesem Erbgang dominiert keines der Allele über das andere. Treffen bei einer Kreuzung zwei verschiedene Allele aufeinander, so kommt es zur Bildung eines neuen Allels, das als Phän (äußerliches Merkmal) eine Mischung der beiden elterlichen Phäne hervorruft. Ein Beispiel für den intermediären Erbgang bei *Python regius* ist die so genannte High-Yellow-Form. Kreuzt man einen High-Yellow-Königspython mit einem normalfarbigen, so werden die Jungtiere in der Ausprägung der gelben Farbelemente zwischen der ihrer Eltern liegen (siehe Kreuzungsquadrat 5).

Verpaart man zwei High-Yellow-Tiere miteinander, so kann man in manchen Fällen die gelben Farbelemente verstärken. Jedoch ist beim intermediären Erbgang ein starker Drang zur Mitte zu verzeichnen, was bedeutet, dass eine Tendenz zum Wildtyp besteht.

Intermediärer Erbgang:
(am Beispiel der Ausprägung der gelben Farbelemente bei *Python regius*)

Kreuzungsquadrat 5
normalfarbig (nn) × high yellow (yy)

Vatertier \ Muttertier	y	y
n	ny	ny
n	ny	ny

Ergebnis : 4-mal ny
= 100 % der Jungtiere weisen eine Färbung auf, die zwischen der ihrer Elterntiere liegt.

Erklärungen:
n: Allel für Normalfärbung
y: Allel für erhöhte Gelbfärbung (High Yellow)
nn: normalfarbig
yy: High Yellow
ny: Medium Yellow (zwischen Normalfärbung und High Yellow)
×: Kreuzung

Adulter High-Yellow-Königspython Foto: T. Kölpin

Hier nun die Farb- und Zeichnungsvarianten von *Python regius*. Als Namen werden die englischen Bezeichnungen verwendet, da sich diese auf dem Markt durchgesetzt haben.

High Yellow
Erbgang: intermediär

Als High Yellow werden Königspythons bezeichnet, bei denen die hellen Zeichnungselemente sehr stark gegenüber der dunklen Grundfärbung überwiegen. Bei Jungtieren zeigen sich die hellen Bereiche in einem intensiven Gelb. Leider dunkeln aber auch High-Yellow-Königspythons, genauso wie normal gefärbte, im Laufe der Jahre stark nach, sodass die gelbe Farbe bei adulten Tieren in Brauntöne übergeht. High Yellows, bei denen die helle Zeichnung über 90 % des Körpers überzieht, werden oft als Banana Balls bezeichnet.

High Contrast
Erbgang: keine genetische Grundlage dieser Farbform

High-Contrast-Königspythons besitzen als Jungtiere eine kontrastreichere Färbung als normal gefärbte Jungtiere. Die hellen Farbelemente zeichnen sich besonders deutlich von der

Farb- und Zeichnungsvarianten

Adulter High-Contrast-Königspython   Foto: H. Kirk

schwarzen Grundfärbung ab. Häufig ist die helle Farbe ein schönes Gelb, wenn auch nicht so intensiv wie bei den High Yellows. Als adulte Pythons unterscheiden sich High-Contrast-Tiere allerdings nicht mehr von normal gefärbten, da durch Nachdunkeln der hellen Zeichnung der Kontrast verloren geht.

Albino (amelanistisch)
Erbgang: dominant-rezessiv

Der Albino-Königspython ist eigentlich kein Albino im herkömmlichen Sinne. Bei echten Albinos ist die Fähigkeit zur Ausbildung aller Farbpigmente in Haut und Iris verloren gegangen. Bei der Albinoform von *Python regius* fehlt jedoch nur die Fähigkeit zur Ausbildung der schwarzen Pigmentierung. Die schwarze Pigmentfarbe wird als Melanin bezeichnet. Daher spricht man bei dieser Farbform des Königspythons besser nicht von Albinos, sondern von Amelanisten. Aufgrund des Fehlens von Melanin zeigen sich die hellen Farb-

„Albino"-Königspython   Foto: D. Northcott

Farb- und Zeichnungsvarianten

„Albino"-Königspython   Foto: B. Love/Blue Chameleon Ventures

elemente bei Jungtieren in einem leuchtenden Gelb-Orange, bei Adulten in leuchtendem Zitronengelb, und die sonst dunkelbraune bis schwarze Grundfärbung ist hier schneeweiß. Die Augenfarbe ist rot, weil das Blut und der Augenhintergrund durchschimmern. Hiermit gehört der amelanistische Königspython mit Sicherheit zu den schönsten und spektakulärsten Farbformen, die es überhaupt bei Schlangen gibt. Diese rezessive Farbmutation kommt dadurch zu Stande, dass amelanistische Tiere die Aminosäure Tyrosin, die für die Synthese des Melanins notwendig ist, nicht produzieren können.

Der erste amelanistische Königspython tauchte Anfang der achtziger Jahre auf dem Markt auf. Es handelte sich hierbei um einen adulten männlichen Wildfang. Dieses Tier ging in den Bestand des amerikanischen Riesenschlangenzüchters Bob Clark über, der auch als Erster diese Farbmutation des Königspythons nachzog.

Neben Nachzuchten aus den USA schlüpfen jedes Jahr auch einige wenige amelanistische Jungtiere auf Ranching-Farmen in Westafrika.

Black I (melanistisch)
Erbgang: vermutlich dominant-rezessiv

Bis heute ist erst ein einziges wirklich melanistisches Exemplar von *Python regius* aufgetaucht. Dieses schlüpfte bei einem amerikanischen Züchter. Leider gibt es keine Informationen zum Aussehen und zum genetischen Hintergrund der Elterntiere.

Farb- und Zeichnungsvarianten

Bei einem echten Melanisten überdecken die schwarzen Pigmente die gesamte übrige Färbung, sodass er lackschwarz erscheint. Nur kurz nach dem Schlupf ist noch eine schemenhafte Zeichnung zu erkennen.

Da es bis heute nur ein Einzeltier gibt, ist der Erbgang noch ungeklärt. Es ist jedoch anzunehmen, dass es sich um einen dominant-rezessiven Erbgang handelt, da bei anderen Schlangenarten, z. B. *Lampropeltis mexicana thayeri*, melanistische Exemplare diesem Erbgang unterliegen.

Black II (hypermelanistisch)
Erbgang: vermutlich intermediär

Das Wort „hyper" bedeutet „mehr", und somit meint „hypermelanistisch" „mehr Schwarzanteil". Dies beschreibt sehr gut das Aussehen von hypermelanistischen Königspythons. Die Gesamtfärbung ist sehr dunkel. Es ist jedoch eine Zeichnung zu erkennen, deren helle Elemente sich in Dunkelbraun bis Dunkelgrau kaum von der tief schwarzen Grundfärbung absetzen. Es können jedoch sogar gelbe Linien und Flecken auf dem Rücken vorhanden sein. Adulte Schlangen dieser Farbvariante sind dunkler als Jungtiere, aber auch bei ihnen ist zumindest schemenhaft eine Zeichnung zu erkennen.

Ghost (hypomelanistisch)
Erbgang: dominant-rezessiv

Das Wort „hypo" bedeutet „wenig" und somit „hypomelanistisch" „wenig Schwarz". Bei hypomelanistischen Königspythons handelt es

Ghost-Königspython  Foto: B. Love/Blue Chameleon Ventures

Farb- und Zeichnungsvarianten

Ghost-Königspython   Foto: D. Northcott

sich also um Tiere mit einer reduzierten schwarzen Pigmentierung. Deshalb ist die Färbung heller als bei normal gefärbten. Die Grundfarbe ist dunkelbraun mit aufgehellten hellbraunen Abschnitten, und die Zeichnung erscheint in einem helleren Gelb. Außerdem wirken die Färbung der Schlangen stumpf und blass und die Zeichnung leicht verschwommen, was ihnen den Namen Ghost eingebracht hat. Bei Ghost handelt es sich um eine rezessive Farbmutation, die eher nicht allzu spektakuläre Exemplare hervorbringt.

Axanthic (axanthisch)
Erbgang: dominant-rezessiv

Dem axanthischen Königspython fehlt die Fähigkeit, das gelbe Farbpigment, das so genannte Xanthin, zu bilden. Diese Tiere sehen dementsprechend wie eine Schwarzweißfotografie aus. Die helle Zeichnung besitzt keinerlei Gelbtöne und erscheint daher mittelgrau bis elfenbeinfarbig. Obwohl diese rezessive Farbmutation weder besonders schön noch spekta-

kulär wirkt, werden solche Tiere doch zu äußerst hohen Preisen gehandelt. Dies liegt wohl daran, dass es sich bei axanthischen Königspythons um eine der beiden „Zutaten" für den „Snowball" handelt.

Snow / Snowball (amelanistisch und axanthisch)
Erbgang: dominant-rezessiv für zwei Merkmale

Der Snow-Königspython ist der eigentliche Albino. Den Tieren fehlen sowohl die schwarzen als auch die gelben Pigmente. Deshalb haben sie eine schneeweiße Färbung ohne jegliche Zeichnung, nur mit einem leichten grünlich-gelben Schimmer, und rote Augen. Um einen Snowball zu züchten, kreuzt man erst amelanistische Tiere mit axanthischen. Verpaart man nun die daraus resultierenden Jungtiere, die für beide Merkmale heterozygot sind, miteinander, so entsteht – statistisch gesehen – ein Sechzehntel Snows.
Im Jahr 2001 war es dann endlich so weit. Der erste Snowball erblickte das Licht der Welt. Dies

Farb- und Zeichnungsvarianten

Axanthic-Königspython   Foto: D. Northcott

Snowball-Königspython   Foto: C. & D. Sutherland

Farb- und Zeichnungsvarianten

gelang den amerikanischen Königspythonzüchtern Colette und Dan Sutherland. Es handelt sich bei dem Tier um ein wirklich spektakulär aussehendes Weibchen. Der Snow-*Python regius* wird sicherlich in den nächsten Jahren eine der meistgefragten Farbvarianten sein.

Caramel Albino
(xanthisch / T-positiv amelanistisch)
Erbgang: dominant-rezessiv

Xanthische Königspythons werden auch als T-positiv amelanistisch bezeichnet. Das bedeutet, dass sie im Gegensatz zu den echten amelanistischen Tieren die Aminosäure Tyrosin herstellen können. Bei dieser Farbmutation werden die dunklen Pigmente von den gelben überlagert, sodass die Grundfarbe violett erscheint und die hellen Zeichnungselemente intensiv gelb gefärbt sind. Die Augenfarbe ist ebenfalls violett. Xanthische *Python regius* dunkeln aufgrund der Dominanz des gelben Farbpigmentes (Xanthin) auch im Alter nicht nach. Beim Caramel Albino handelt es sich mit Sicherheit um eine der spektakulärsten und schönsten rezessiven Farbmutationen.

Leucistic (leuzistisch)
Erbgang: vermutlich dominant-rezessiv

Hierbei handelt es sich um schneeweiße Tiere mit schwarzen Augen. Keinerlei Zeichnung ist vorhanden. Die weiße Färbung überdeckt sämtliche gelben und schwarzen Pigmente. Die ers-

Caramel Albino (xanthischer Königspython)  Foto: D. Northcott

te Erwähnung von leuzistischen Königspythons findet sich bei DE VOSJOLI et al. (1994). Beide Tiere sollen jedoch kurz nach dem Schlupf gestorben sein. Im Jahre 2000 schlüpfte ein leuzistisches Jungtier bei einem amerikanischen Züchter. Ein weiterer leuzistischer Königspython tauchte in Ghana auf. Es handelte sich um einen halbwüchsigen Wildfang. Er wurde von einem amerikanischen Züchter für einen horrenden Preis eworben, es ist die Rede von über $ 100.000!

Es bleibt abzuwarten, was für ein Erbgang hinter dieser Farbmutation steckt. Erst die Weiterzucht mit diesen zwei Tieren wird darüber Aufschluss geben. Bei leuzistischen Erdnattern (*Elaphe obsoleta*) hat sich diese Mutation als rezessiv heraus gestellt.

Piebald (teilleuzistisch)
Erbgang: dominant-rezessiv

Die vielleicht spektakulärste rezessive Farbmutation ist der Piebald-Königspython. „Piebald" kommt aus dem Englischen und bedeutet „kahle Stellen". Es handelt sich um teilleuzistische Tiere. Das bedeutet, dass sich normal gefärbte mit schneeweißen Abschnitten abwechseln. Der Anteil der weißen Stellen kann 10–90 % des Schlangenkörpers ausmachen. Auffällig ist, dass bei allen bis heute bekannten Piebald-Königspythons zumindest die Kopf- und Halsregion normal gefärbt sind. Interessanterweise scheint der Weißanteil beliebig zu variieren, da aus demselben Piebald-Gelege Jungtiere mit 10, 90 und dazwischen-

Piebald-Königspython   Foto: D. Northcott

Farb- und Zeichnungsvarianten

Piebald-Königspython
Foto: B. Love/Blue Chameleon Ventures

Classic-Jungle-Königspython
Foto: D. Northcott

Farb- und Zeichnungsvarianten

Pastel-Jungle-Königspython
Foto: D. Northcott

Super-Pastel-Königspython
Foto: B. Love/Blue Chameleon Ventures

liegenden Prozentanteilen Weiß schlüpfen können. Pete Kahl war der erste amerikanische Züchter, dem die Nachzucht von Piebald-Pythons gelang.
Piebalds gehören zu den teuersten Farbformen des Königspythons.
Tiere, die einen niedrigeren Weißanteil als 10 % besitzen, werden nicht als Piebalds, sondern als Bullseyes oder Ringer bezeichnet. Ringer-Königspythons besitzen ein oder zwei kleine weiße Dreiecke auf dem hinteren Körperdrittel in der Nähe der Kloakalregion. Um diese weißen Schuppen herum sind die Tiere orange gefärbt. Die Dreiecke sind nicht einmal so groß wie ein Zwei-Euro-Stück. Bei Bullseye-Königspythons findet man eine bis mehrere weiße Flecken, die an beliebigen Stellen des Schlangenkörpers lokalisiert sein können. Die weiße Färbung erstreckt sich aber jeweils nur über wenige Schuppen.
Ob es einen genetischen Zusammenhang zwischen Piebalds, Bullseyes und Ringern gibt, ist bisher noch nicht geklärt.

Jungle
Erbgang: noch nicht vollständig geklärt

Jungle-Königspythons sind als Jungtiere besonders kontrastreich, gelb auf tiefschwarzem Grund, gefärbt. Die Zeichnung ist dabei äußerst untypisch für *Python regius* und lässt besonders im vorderen Körperdrittel nur kleinere schwarze Flecken der Grundfärbung übrig. Außerdem haben Jungles eine goldgefärbte Iris – im Gegensatz zu den schwarz gefärbten Augen der normalfarbigen Pythons. Ein weiteres Merkmal ist ein heller Fleck auf der Mitte des Kopfes. Aber auch Jungle-Königspythons dunkeln beim Älterwerden stark nach, sodass die schöne Gelbfärbung allmählich in Brauntöne übergeht. Allerdings bleiben die ungewöhnliche Zeichnung, die hellen Augen und der helle Kopffleck auch bei adulten Tieren erhalten.

Pastel Jungle / Super Pastel
Erbgang: co-dominant bei Pastel Jungle
dominant-rezessiv bei Super Pastel

Die Pastel Jungles ähneln sehr der Junglevariante. Auch sie haben eine ungewöhnliche Zeichnung, eine goldgelbe Augenfarbe, häufig einen hellen Fleck auf dem Kopf und als Jungtiere eine sehr schöne gelbschwarze Färbung. Im Gegensatz zu den Jungles dunkeln jedoch Pastel-Jungle-Königspythons im Alter nicht nach und behalten somit die auffällige Färbung. Ein weiterer Unterschied ist, dass die schwarzen Bereiche in ihrem Zentrum stark aufgehellt sind, was bei Jungle-Tieren niemals vorkommt. Der Erbgang, der dieser Farbform zugrunde liegt, ist co-dominant. Das bedeutet, dass, wenn man einen Pastel Jungle mit einem normal gefärbten Königspython verpaart, die Hälfte der Jungtiere Pastel Jungles sind. Die Lösung für diese Co-Dominanz fand man heraus, als man zum ersten Mal Pastel Jungles miteinander kreuzte. Das Ergebnis waren 25 % Normalgefärbte, 50 % Pastel Jungles und 25 % vollkommen anders gefärbte Tiere. Diese neue Farbvariante wird Super Pastel genannt. Sie stellt sich als eine Fortführung des Pastel Jungles dar. Super Pastels haben ein noch satteres Gelb, und die dunkle Färbung ist noch stärker aufgehellt, sodass sie wie ausgebleicht wirkt. Dies zeigt sich besonders deutlich am Kopf der Tiere.
Es hat sich also herausgestellt, dass Pastel Jungles die heterozygote Form und die Super Pastels die homozygote Form verkörpern. Während bei den meisten Farbmutationen die heterozygoten Tiere äußerlich nicht von der Normalfärbung zu unterscheiden sind, liegt im Falle der Pastels die heterozygote Form (Pastel Jungle) genau zwischen der Normalfärbung und der homozygot rezessiven Form (Super Pastel). Bei den Pastel Jungles und besonders bei den Super Pastels handelt es sich um besonders farbenprächtige Varianten von *Python regius*.

Farb- und Zeichnungsvarianten

Striped-I-Königspython   Foto: H. Kirk

Striped I
Erbgang: intermediär

Die Exemplare dieser Variante haben eine fast normale Färbung und Zeichnung. Nur auf dem Rücken sind die hellen Farbelemente zu einem goldenen Rückenstreifen vereint. Dieses dorsale Band kann wenige bis gar keine Unterbrechungen aufweisen. Die Goldfärbung des Rückenstreifens bleibt größtenteils auch im Alter bestehen. Während bei manchen Schlangenarten gestreifte Exemplare auf stark schwankende Inkubationstemperaturen zurückzuführen sind, z. B. beim Tigerpython (*Python molurus*), handelt es sich bei dieser Zeichnungsvariante von *Python regius* um einen intermediären Erbgang mit Tendenz zur Mitte, das heißt zur Auflösung des Streifens.

Striped-II-Königspython (genetic Stripe)   Foto: D. Northcott

Farb- und Zeichnungsvarianten

Striped II
Erbgang: dominant-rezessiv

Bei diesen gestreiften Königspythons handelt es sich im Gegensatz zu den vorgenannten um eine rezessive Zeichnungs- und Farbmutation. Die so genannten Genetic-Striped-Königspythons haben einen leuchtend gelben Rückenstreifen ohne jegliche Unterbrechung, außerdem ist auch die Färbung an den Flanken völlig verändert. Statt der typischen Zeichnung haben diese Pythons eine hellbraune Färbung mit vereinzelten dunkleren, verwaschen wirkenden Flecken. Auch die Kopfoberseite ist hellbraun gefärbt. Exemplare dieses Striped-Types sind erst in jüngster Zeit auf dem Markt erschienen und aufgrund ihrer Schönheit und Seltenheit äußerst teuer.

Mojave
Erbgang: bisher unbekannt

Bei dieser erst von einem einzigen amerikanischen Züchter bekannten Farbvariante handelt es sich um einen schwer zu beschreibenden Königspython. Die Tiere haben eine mittelbraune Grundfärbung. Die helle Zeichnung ist auf dem Rücken goldfarben, während sie an den Flanken silbrig grau erscheint. 1998 tauchte ein halbwüchsiger Wildfang dieser Variante auf. Im Jahre 2000 wurde zum ersten Mal mit diesem Tier nachgezogen. Das Ergebnis waren fünf Mojave und ein normalfarbiger Schlüpfling. Weitere Zuchtversuche müssen nun klären, ob es sich vielleicht um eine dominante oder codominante Farbmutation handelt. Im zweiten Fall wäre bei einer Kreuzung von Mojave-Königspythons untereinander äußerst interessant, ob sich die Merkmale wie im Falle der Pastel Jungles verstärken.

Diese Liste von Farb- und Zeichnungsvarianten bei *Python regius* erhebt keinesfalls Anspruch auf Vollständigkeit. Jedes Jahr kommen einige bis dato unbekannte Formen dazu. Teilweise stammen diese Schlangen als Ranchingtiere oder Wildfänge aus Westafrika. Andere wiederum sind so genannte Designer-Balls. Diese finden sich nicht in der freien Natur, sondern sind bei Züchtern durch die Kreuzungen verschiedener Farb- und Zeichnungsvarianten miteinander entstanden. Aufgrund der Möglichkeiten, die sich hieraus ergeben, werden mit Sicherheit in den nächsten Jahren noch einige spektakuläre neue Formen von *Python regius* erscheinen.

Mojave-Königspython   Foto: D. Northcott

Farb- und Zeichnungsvarianten

Oben und unten: „New-Bell-Königspython"
Fotos: B. Love/Blue Chameleon Ventures

„Caramel Albino" (xanthischer Königspython)
Foto: B. Love/Blue Chameleon Ventures

Nahe verwandte Arten

Die folgenden Porträts stellen die nach aktuellem Wissensstand mit dem Königspython stammesgeschichtlich am engsten verwandten Pythonarten vor.

Angolapython (*Python anchietae*)

Beschreibung: Beim Angolapython handelt es sich neben *Python regius* um die kleinste Art der Gattung *Python*. Die Tiere werden im Durchschnitt 120–130 cm lang. Die Maximallänge liegt bei ungefähr 180 cm, wobei in Ausnahmefällen wohl auch zwei Meter erreicht werden können. Adulte *Python anchietae* haben eine rotbraune Grundfärbung, die von weißen bis gelblichen Flecken und Bändern durchsetzt ist. Die hellen Farbelemente sind schwarz eingefasst. Die Bauchseite ist gelblich mit wenigen bräunlichen Flecken. Jungtiere haben eine dunkelbraune bis schwarze Grundfarbe mit gelblichen Flecken und Bändern. In den ersten zwei Lebensjahren verblasst die schwarze Färbung zu Rotbraun. Typisch für den Angolapython ist ein heller Fleck auf der Kopfoberseite. Der kegelförmige, deutlich vom Hals abgesetzte Kopf und der untersetzte muskulöse Körperbau erinnern stark an *Python regius*. Auch von der Körperlänge her ähneln

Angolapython (*Python anchietae*) Foto: S. Hoffmann

Nahe verwandte Arten

Angolapython (*Python anchietae*) Foto: B. Love/Blue Chameleon Ventures

sich Königs- und Angolapython sehr. Neben der Färbung ist die Kopfbeschuppung ein weiteres Unterscheidungsmerkmal dieser zwei Arten: *Python anchietae* besitzt mehr und deutlich kleinere Schuppen auf der Kopfoberseite. Viele Experten halten aufgrund der äußeren Ähnlichkeiten *Python anchietae* für die Schwesterart von *Python regius*.

Herkunft und Lebensweise: Der Angolapython besiedelt felsige Gebiete im Süden Angolas und im nördlichen Südwestafrika. Die Biotope, die er bewohnt, sind deutlich trockener als die von *Python regius*. In der Natur ernährt er sich von Kleinsäugern und Vögeln. Auch der Angolapython neigt bei Belästigungen dazu, sich zu einem Ball zusammenzurollen anstatt zu beißen.

Pflege und Zucht: *Python anchietae* kann unter ähnlichen Bedingungen wie *Python regius* gepflegt werden, was Terrariengröße, Substrat, Einrichtung, Temperatur und Beleuchtung angeht. Nur die Luftfeuchtigkeit ist deutlich niedriger zu halten, je nach Jahreszeit zwischen 50 und 70 %. In Anlehnung an sein natürliches Habitat können echte oder künstliche Felsaufbauten ins Terrarium eingebracht werden. Die Tiere nutzen dann die Felsspalten als Versteckplätze.

Angolapythons sind immer noch sehr selten in Terrarienhaltung. Doch in letzter Zeit wird diese Art sowohl in den USA als auch in Deutschland manchmal nachgezogen. Nach ROSS & MARZEC (1994) dient Einnebeln als Stimulation für die Paarungen von November bis Februar. Die Eiablage erfolgt dann in den Monaten April und Mai. Die Gelegegröße beträgt drei bis neun Eier und die Jungtiere schlüpfen nach acht bis 10 Wochen. Junge Angolapythons bereiten keinerlei Schwierigkeiten bei der Futteraufnahme, und die Aufzucht ist unproblematisch. Sie sollten aber insgesamt trockener als Babys von *Python regius* gehalten werden.

Verbastardierung: Im Jahre 2001 präsentierte die US-amerikanische Zuchtgemeinschaft New England Reptiles Distributors Inc. (NERD) die ersten Bastarde *Python anchietae* × *Python regius*. Die Jungtiere zeigen ein intermediäres Aussehen zwischen den beiden Elternarten. Sie besitzen die kleinen Kopfschuppen des Angolapythons, aber einen hohen Anteil gelblicher Zeichnungselemente, die eher an den Königspython erinnern. Die Grundfärbung ist ein Dunkelbraun bis Schwarz. Es bleibt abzuwarten, wie sich die Schlüpflinge entwickeln, da bei der einen Elternart die Tiere beim Heranwachsen aufhellen (*Python anchietae*), bei der anderen dagegen nachdunkeln (*Python regius*). Da es sich um eine natürliche Kreuzung mit einer echten Paarung ohne künstliche Befruchtung handelt und die beiden Arten auch morphologisch sehr ähnlich sind, scheinen *Python regius* und *Python anchietae* sich verwandtschaftlich sehr nahe zu stehen. Molekulargenetische Untersuchungen zu diesem Thema wären äußerst interessant.

Felsenpython (*Python sebae*)

Beschreibung: Der Felsenpython gehört zu den größten Schlangenarten überhaupt. Die durchschnittliche Gesamtlänge beträgt drei bis

Felsenpython (*Python sebae*)   Foto: D. Schmidt

Nahe verwandte Arten

vier Meter. Jedoch können einzelne Exemplare sechs Meter erreichen. Es gibt sogar Berichte von sieben Meter langen Tieren. *Python sebae* ist hellbraun bis graubraun gefärbt und besitzt schwarzbraune oder rotbraune Flecken als Rückenzeichnung. An den Seiten finden sich halbmondförmige Flecken mit hellem Kern und schwarzem Rand. Die Bauchseite ist hellgrau mit dunklen Sprenkeln. Der kegelförmige Kopf setzt sich vom Hals ab. Der Körper ist kräftig, aber länger gestreckt als bei *Python regius* oder *Python anchietae*. In letzter Zeit werden Tiere aus dem südlichen Teil des Verbreitungsgebietes als eigene Art, *Python natalensis,* betrachtet (DIRKSEN & AULIYA 2000).

Herkunft und Lebensweise: *Python sebae* bewohnt den afrikanischen Kontinent südlich der Sahara. Dort kommt er von der Westküste bis zur Ostküste des Kontinents vor. Im Süden liegt seine Verbreitungsgrenze im nördlichen Südafrika. Er ist ein typischer Savannenbewohner und meidet den Regenwald. Häufig hält er sich in der Nähe von Gewässern auf. Dort findet man ihn entweder im Wasser liegend oder auf Ästen am Gewässerrand. Seine Beutetiere sind Vögel und Säugetiere von Ratten- bis zu Antilopengröße.

Pflege und Zucht: Der Felsenpython gehört zu den eher selten gehaltenen und gezüchteten Pythonarten. Dies liegt zum einen wohl an seiner stattlichen Größe, zum anderen aber auch sicher an seinem äußerst reizbaren Temperament. Nicht nur Wildfänge, sondern auch Nachzuchttiere bleiben sehr aggressiv. Man pflegt diese Art in einem Großterrarium mit großem Wasserbecken und einem kräftigen Kletterbaum. Die Temperatur- und Luftfeuchtigkeitswerte sind die gleichen wie für *Python regius,* nur kann die Nachttemperatur ganzjährig auf Zimmertemperatur abfallen. Für die Nachzucht ist nach ROSS & MARZEC (1994) keine besondere Stimulation nötig. *Python sebae* brütet sein Gelege, das aus 30–50 Eiern besteht, aktiv selbst. Die Brutdauer beträgt 72–106 Tage. Jungtiere und erwachsene Exemplare sind ohne Schwierigkeiten mit Säugetieren der entsprechenden Größe zu füttern.

Verbastardierung: Obwohl der Felsenpython zum Teil sympatrisch (im gleichen Biotop) mit dem Königspython vorkommt, sind keine natürlichen Bastarde dieser Arten bekannt. Auch bei amerikanischen Züchtern sind bis heute keine solchen Mischlinge aufgetaucht. Ob dies einfach am Größenunterschied von *Python sebae* und *Python regius* liegt, der eine natürliche Paarung wahrscheinlich unmöglich macht, oder ob die beiden Arten verwandtschaftlich so weit voneinander entfernt sind, dass eine Verbastardierung nicht auftreten kann, muss molekulargenetisch geklärt werden.

Auf die fünfte afrikanische „Pythonart" *Calabaria reinhardtii* (siehe unten) soll hier nicht weiter eingegangen werden, da der Erdpython zwar im selben Verbreitungsgebiet wie *Python regius* vorkommt, aber verwandtschaftlich weit von ihm entfernt steht.

Foto: B. Love/Blue Chameleon Ventures

Bunt- oder Blutpython (*Python curtus*)

Beschreibung: Beim Buntpython handelt es sich um eine mittelgroße Pythonart. Im Durchschnitt werden die Tiere ca. 150 cm lang. Allerdings können besonders große Exemplare bis zu 3 m Gesamtlänge erreichen. *Python curtus* zeigt eine rötliche, bräunliche oder schwärzliche Grundfärbung. Rücken und Seiten werden von einer mehr oder weniger bindenförmigen Zeichnung aus gelblich grauen Flecken und Bändern überzogen. Der Bauch ist grau gefärbt. Der kegelförmige Kopf ist nach vorne leicht zugespitzt und setzt sich deutlich vom Hals ab. Der Körper ist noch stämmiger und untersetzter als beim Königspython, der Schwanz wie bei diesem extrem kurz.

Herkunft und Lebensweise: Seit neustem werden nur noch Tiere aus West-Sumatra der Art *Python curtus* zugeordnet, wärend Tiere aus Ost-Sumatra und vom Festland als neue Art *Python brongersmai* und Tiere aus Borneo als eigenständige Art *Python breitensteini* betrachtet werden (KEOGH et al. 2001). Der Buntpython ist ein typischer Bewohner des tropischen Regenwaldes. Häufig findet man ihn in der Nähe von Seen und Wasserläufen oder in Sumpfgebieten. Dort liegt er oft stundenlang im Wasser, von wo aus er kleinere Säugetiere und Vögel erbeutet. Vom Temperament her gehört *Python curtus* zu den ungestümsten und bissigsten Pythonarten. Besonders Wildfänge verlieren niemals diese Reizbarkeit. Nachzuchten können aber in einigen Fällen etwas ruhiger und umgänglicher sein.

Pflege und Zucht: Der Buntpython braucht ein geräumiges Regenwaldterrarium. Besonders wichtig ist ein Bodengrund, der gut Feuchtigkeit hält, am besten Waldhumus. Ein großes, beheiztes Wasserbecken darf auf gar keinen Fall

Bunt- oder Blutpython   Foto: H. Werning

Junger Bunt- oder Blutpython   Foto: U. Manthey

fehlen. Zum einen liegen die Pythons sehr gerne ausgiebig im Wasser, zum anderen hält das Becken die Luftfeuchtigkeit entsprechend hoch. Die Temperatur sollte tagsüber bei 28–32 °C liegen und nachts nur minimal absinken. Eine relative Luftfeuchtigkeit von 80–95 % darf nicht unterschritten werden. Als Futter bietet man Ratten der entsprechenden Größe an. Buntpythons werden regelmäßig im Terrarium nachgezogen. ROSS & MARZEC (1994) geben das Einnebeln mit Wasser als Paarungsauslöser an. Die Weibchen von *Python curtus* sind in der Lage, durch Muskelkontraktionen das Gelege selbst zu bebrüten. Die Brutdauer beträgt 58–65 Tage. Während des Bebrütens muss die Luftfeuchtigkeit auf 90–100 % gehalten werden. Die Gelegegröße liegt bei 10–15 Eiern. Die meisten Jungtiere nehmen willig junge Ratten und Mäuse an. Einige sind jedoch schwierig ans Futter zu bringen und müssen eventuell anfangs gestopft werden.

Verbastardierung: *Python curtus* scheint neben *Python molurus* von den asiatischen Pythonarten die verwandtschaftlich *Python regius* am nächsten stehende zu sein. Indizien hierfür könnten der untersetzte Körper und der sehr kurze Schwanz beider Arten sein. Im Jahr 2000 tauchten erstmals Bilder eines Bastards von *Python regius* und *Python curtus* im Internet auf. Der Bastard zeigte ein intermediäres Aussehen zwischen beiden Arten. Ob dieser Mischling das Produkt einer natürlichen Verpaarung oder einer künstlichen Befruchtung darstellt, wurde leider nicht erwähnt.

Nahe verwandte Arten

Tigerpython (*Python molurus*)

Beschreibung: Der Tigerpython ist nach dem Netzpython die zweitlängste Pythonart. Der Körper ist kräftig und sehr muskulös, allerdings nicht so untersetzt wie beim Königspython. Der Kopf setzt sich vom Hals ab. Im Durchschnitt wird der Tigerpython vier bis sechs Meter lang. Einzeltiere erreichen sogar bis zu acht Meter Gesamtlänge. Die Grundfarbe ist creme bis hellbraun. Der Rücken und die Körperseiten sind mit relativ regelmäßig angeordneten braunen Flecken überzogen. Die Bauchseite ist weißlich bis gräulich gefärbt. Es werden zwei Unterarten unterschieden, der Helle Tigerpython (*Python molurus molurus*) und der Dunkle Tigerpython (*Python molurus bivittatus*).

Herkunft und Lebensweise: Der Tigerpython bewohnt weite Teile Südasiens. Während *Python molurus molurus* in Indien, Nepal, Westpakistan und auf Sri Lanka vorkommt, findet man *Python molurus bivittatus* im hinterindischen Raum, in Burma, Südchina und in großen Teilen Indonesiens. Der Tigerpython ist in einer Vielzahl von Lebensräumen beheimatet. Er besiedelt Regenwälder, Bergwälder, Steppen, Marschland und auch Sumpfgebiete. Sehr häufig ist er in der Nähe von Wasser zu finden. Man findet ihn sowohl im Flach- als auch im Hügelland. *Python molurus* frisst alles an Säugern und Vögeln, was er überwältigen kann.

Pflege und Vermehrung: Der Tigerpython erfreut sich in der Terraristik einer großen Beliebtheit. Dies liegt sicher daran, dass er von den groß werdenden Pythonarten das umgäng-

Heller Tigerpython (*Python molurus molurus*) aus Sri Lanka   Foto: U. Manthey

Nahe verwandte Arten

Junger Dunkler Tigerpython (*Python molurus bivittatus*), gestreifte Form aus Thailand   Foto: U. Manthey

lichste Temperament besitzt. Aufgrund seiner gewaltigen Körpergröße benötigt *Python molurus* ein sehr geräumiges Großterrarium. Äußerst wichtig ist ein großes beheiztes Badebecken, da sich die Tiere mitunter tagelang im Wasserbehälter aufhalten. Das Badebecken versorgt auch das Terrarium mit der benötigten Luftfeuchtigkeit. Die Tages- und Nachttemperaturen können mit denen für *Python regius* übereinstimmen. Als Futtertiere werden Ratten, Kaninchen, Meerschweinchen und Geflügel gleich gern genommen. Die Tiere bereiten in diesem Punkt keine Schwierigkeiten.

Eine Phase von zwei bis drei Monaten mit reduzierten Tages- und Nachttemperaturen kann die Fortpflanzungsbereitschaft erhöhen, ist aber nicht zwingend zur Vermehrung erforderlich. Die weiblichen Tigerpythons bebrüten ihre Gelege mittels Muskelkontraktionen selbst. Die Brutdauer beträgt zwei bis zweieinhalb Monate. Die Gelegegröße schwankt von acht bis 30 Eiern, kann gelegentlich aber auch bis zu 100 Eier betragen. Die Jungschlangen bereiten bei der Futteraufnahme und der Aufzucht keinerlei Schwierigkeiten.

Verbastardierung: Nach BÖHME (pers. Mittlg. 2001) existieren lebende riesige, natürlich gezeugte Bastarde zwischen *Python regius* und *Python molurus*. Dies stellt einen Beleg dafür dar, dass auch der Tigerpython verwandtschaftlich dem Königspython relativ nahe steht.

Python molurus bivittatus, „Albino"   Foto: D. Schmidt

Gesetzliche Bestimmungen

Bei der Pflege, dem Erwerb und dem Verkauf von Königspythons müssen wir uns an einige gesetzliche Bestimmungen halten. Diese Gesetze betreffen zum einen den Tier-, zum anderen den Artenschutz.

Das Tierschutzgesetz

Für jeden, der in irgendeiner Form mit Tieren zu tun hat, gilt in der Bundesrepublik Deutschland das Tierschutzgesetz vom 25. Mai 1998.
An dieser Stelle sollen nur die für die Haltung und Pflege von Tieren relevanten Paragraphen des Tierschutzgesetzes angeführt und besprochen werden.

§ 1

„Niemand darf einem Tier ohne vernünftigen Grund Schmerzen, Leiden oder Schäden zufügen."
Dieser Paragraph bedarf sicherlich keiner weiteren Erklärung.

§ 2

„Wer ein Tier betreut oder zu betreuen hat,
    1. muss das Tier seiner Art und seinen Bedürfnissen entsprechend ernähren, pflegen und verhaltensgerecht unterbringen.
    2. darf die Möglichkeiten des Tieres zu artgemäßer Bewegung nicht so einschränken, dass ihm Schmerzen oder vermeidbare Leiden oder Schäden zugeführt werden.
    3. muss über die für eine angemessene Ernährung, Pflege und verhaltensgerechte Unterbringung des Tieres erforderlichen Kenntnisse und Fähigkeiten verfügen."
Paragraph 2 beschäftigt sich speziell mit der Haltung von Tieren. Punkt 1 verpflichtet den Halter zur artgerechten Haltung seiner Pfleglinge. Punkt 2 bezieht sich auf die Mindestgrößen der Haltungsbehälter. Als Richtwerte für Terrariengrößen gelten die im Gutachten über Mindestanforderungen an die Haltung von Reptilien vom 10. Januar 1997 des Bundesministeriums für Ernährung, Landwirtschaft und Forsten genannten Maße. Diese sind zwar gesetzlich nicht verpflichtend, sondern lediglich Empfehlungen, können aber im Zweifelsfalle vor Gericht zur Urteilsfindung herangezogen werden. Punkt 3 verlangt eine gewisse Sachkunde des Halters. Die DGHT (Deutsche Gesellschaft für Herpetologie und Terrarienkunde) bietet seit Anfang 2001 Schulungen und Prüfungen für einen Sachkundenachweis in der Terraristik an. Dieses Dokument wird zwar nicht offiziell von den Behörden verlangt, wird aber wohl in der Regel als Nachweis für die nach dem Gesetz verlangten Kenntnisse und Fähigkeiten akzeptiert werden.

§ 3

Paragraph 3 nennt weitere Rahmenbedingungen bei der Tierhaltung:
„Es ist verboten:
    1. ein gebrechliches, krankes oder altes, in menschlicher Obhut gehaltenes Tier, für das ein Weiterleben mit nicht behebbaren Schmerzen oder Leiden verbunden ist, zu einem anderen Zweck als zur unverzüglichen Tötung zu veräußern oder zu erwerben.
    2. ein in Obhut des Menschen gehaltenes Tier auszusetzen oder es zurückzulassen, um sich seiner zu entledigen oder sich der Halter- oder Betreuerpflicht zu entziehen.
    3. ein gezüchtetes oder aufgezogenes Tier einer wild lebenden Art in der freien Natur auszusetzen oder anzusiedeln, das nicht auf die zum Überleben in dem vorgesehenen Lebensraum erforderliche artgemäße Nahrungsaufnahme vorbereitet und an das Klima angepasst ist.
4. ein Tier zu einer Filmaufnahme, Schaustellung, Werbung oder ähnlichen Veranstaltungen heranzuziehen, sofern damit Schmerzen, Leiden oder Schäden für das Tier verbunden sind.

5. einem Tier durch Anwendung von Zwang Futter einzuverleiben, sofern dies nicht aus gesundheitlichen Gründen erforderlich ist.

6. einem Tier Futter darzureichen, das dem Tier erhebliche Schmerzen, Leiden oder Schäden bereitet."

Die sechs Unterpunkte des Paragraphen 3 sprechen für sich.

§ 4

„Voraussetzungen für das Töten eines Tieres:

1. Voraussetzung für die Tötung eines Tieres ist stets das Vorliegen eines vernünftigen Grundes.

2. eine Tötung darf nur durchführen, wer die dazu notwendigen Fähigkeiten und Kenntnisse hat.

3. Die Tötung eines Wirbeltieres darf grundsätzlich nur unter Betäubung vorgenommen werden."

Mit Paragraph 4 kommen wir als Schlangenhalter dann in Berührung, wenn wir unseren Pythons tote Futtertiere anbieten wollen. Wie weit das Verfüttern von toten Nagetieren einen vernünftigen Grund für deren Tötung darstellt, ist sicherlich Interpretationssache. Auf jeden Fall müssen die Nager vor dem Abtöten betäubt werden und auf fachmännische Weise, bei Ratten und Mäusen durch Genickbruch, abgetötet werden. Besitzt man nicht die nötigen Kenntnisse über die richtige Tötung, so sollte man diese Prozedur dem Fachmann überlassen.

§ 5

„Betäubungspflicht bei Eingriffen an Tieren:

An einem Wirbeltier darf ohne Betäubung ein mit Schmerzen verbundener Eingriff nicht vorgenommen werden. Die Betäubung warmblütiger Wirbeltiere sowie von Amphibien und Reptilien ist von einem Tierarzt vorzunehmen. Eine Betäubung ist nicht erforderlich:

1. Wenn bei vergleichbaren Eingriffen am Menschen eine Betäubung in der Regel unterbleibt oder der mit dem Eingriff verbundene Schmerz geringfügiger ist als die mit einer Betäubung verbundene Beeinträchtigung des Befindens des Tieres.

2. wenn die Betäubung im Einzelfall nach tierärztlichem Urteil nicht durchführbar erscheint."

Nach Paragraph 5 können wir kleinere Eingriffe, wie die Versorgung kleinerer Wunden oder die Beseitigung von Häutungsresten selber ohne Betäubung durchführen, aber für alle größeren Prozeduren muss der reptilienkundige Tierarzt aufgesucht werden. Dieser entscheidet dann, ob eine Betäubung vor dem Eingriff durchzuführen ist.

§ 11

Paragraph 11 regelt die Erlaubnispflicht bei Tätigkeiten im Zusammenhang mit Tieren:

„Wer

1. Wirbeltiere zu Versuchszwecken züchten oder halten,

2.a) Tiere für andere in einem Tierheim oder einer ähnlichen Einrichtung halten,

b) Tiere in einem zoologischen Garten oder einer anderen Einrichtung, in der Tiere gehalten und zur Schau gestellt werden, halten,

c) Tierbörsen zum Zwecke des Tausches oder Verkaufes von Tieren durch Dritte durchführen oder

3. gewerbsmäßig

a) Wirbeltiere, außer landwirtschaftliche Nutztiere, züchten oder halten,

b) mit Wirbeltieren handeln,

c) Tiere zur Schau stellen oder für solche Zwecke zur Verfügung stellen oder

d) Wirbeltiere als Schädlinge bekämpfen will, bedarf der Erlaubnis der zuständigen Behörde."

Laut Gesetz sind in der Regel die Voraussetzungen für ein gewerbsmäßiges Züchten bei Reptilien ab einer Absatzmenge von mehr als 100 Jungtieren oder einem Verkaufserlös von mehr als € 2.000 jährlich erreicht. Wer diese Werte mit seiner Zucht erreicht, sollte eine Erlaubnis bei der Behörde beantragen. Für den Erhalt der Erlaubnis wird er eine §-11-Prüfung beim Amtstierarzt ablegen müssen; seit 2001 bietet die DGHT hierfür besonders geschulte Sachkundeprüfer an, die in Zusammenarbeit und mit Zustimmung des Amtstierarztes diese Prüfung abnehmen können. Ein Dilemma ergibt sich für die Züchter von seltenen Farbvarianten des Königspythons, da bei diesen unter Umständen schon beim Verkauf eines einzigen Jungtieres der oben angegebene Verkaufserlös überschritten wird und sie somit einer behördlichen Erlaubnis bedürfen.

§ 11c

Der Paragraph 11c beinhaltet ein Abgabeverbot an Kinder und Jugendliche:
„Ohne Einwilligung der Erziehungsberechtigten dürfen Wirbeltiere an Kinder und Jugendliche bis zum vollendeten 16. Lebensjahr nicht abgegeben werden."
Dies ist bei der Abgabe von eigenen Königspythonnachzuchten stets zu beachten.

§ 17

Die Paragraphen 17 und 18 beschäftigen sich mit Verstößen gegen das Tierschutzgesetz:
„Mit Freiheitsstrafen bis zu 3 Jahren oder mit Geldstrafe wird bestraft, wer
   1. ein Wirbeltier ohne vernünftigen Grund tötet oder
   2. einem Wirbeltier
     a) aus Rohheit erhebliche Schmerzen oder Leiden oder
     b) länger anhaltende oder sich wiederholende erhebliche Schmerzen oder Leiden zufügt."

§ 18

„Ordnungswidrig handelt, wer vorsätzlich oder fahrlässig einem Wirbeltier, das er hält, betreut oder zu betreuen hat, ohne vernünftigen Grund erhebliche Leiden oder Schäden zufügt."

Washingtoner Artenschutzübereinkommen

Das Washingtoner Artenschutzübereinkommen (kurz WA) stammt aus dem Jahr 1975. Es soll den internationalen Handel mit gefährdeten Arten frei lebender Tiere und Pflanzen regeln und somit die Ausrottung dieser Arten durch übermäßige Naturentnahmen verhindern. Die geschützten Tier- und Pflanzenarten sind nach dem Grad ihrer Schutzbedürftigkeit in Anhängen zum Übereinkommen aufgeführt. Diese werden ständig geprüft und der jeweiligen Situation, in der sich die Populationen der betreffenden Tierarten befinden, angepasst.

Anhang I

Enthält alle Arten, die vom Aussterben bedroht sind, weil sie durch internationalen Handel beeinträchtigt werden oder beeinträchtigt werden könnten.

Anhang II

Enthält alle Arten, deren Populationsstärke meist noch eine wirtschaftliche Nutzung unter wissenschaftlicher Kontrolle zulässt.

Anhang III

Enthält Arten, die in einem Hoheitsgebiet der WA-Vertragsparteien besonderen Regelungen unterworfen sind.
Für die Einfuhr, Ausfuhr oder Wiedereinfuhr von Tieren der Anhänge I und II in die EU bedarf es einer so genannten Cites- Bescheinigung. Diese ist beim Bundesamt für Naturschutz zu beantragen.
Der Königspython ist in Anhang II des WA gelistet und deshalb in Anhang B der EU-Artenschutzverordnung.

EU-Artenschutzverordnung

Die EU-Artenschutzverordnung regelt die gesetzliche Umsetzung des Washingtoner Artenschutzübereinkommens für die Europäische Union. Sie hat vier Anhänge (A, B, C, D), in denen Tierarten nach dem Schutzbedürfnis ihrer Population eingestuft sind. Der Königspython findet sich wie alle Tierarten des Anhangs II des WA in Anhang B der EU-Artenschutzverordnung. Aus diesem Grund soll an dieser Stelle auch nur auf diesen Anhang eingegangen werden.

Anhang B:

Tierarten, die durch uneingeschränkten Handel gefährdet werden könnten. Tierarten des Anhang B

Gesetzliche Bestimmungen

Wegfall der Meldepflicht ab 2005

Der Bundesrat hat in seiner Sitzung am 17.12.2004 einer Verordnung des Bundesumweltministeriums zur Änderung der Bundesartenschutzverordnung zugestimmt. Diese wird Anfang 2005 veröffentlicht und danach gültig. Für Königspython-Halter ist eine wichtige Neuerung beschlossen worden:
In der Anlage 5 der Bundesartenschutzverordnung werden Arten aufgeführt, die von der Meldepflicht befreit sind, weil sie nach Meinung des Gesetzgebers so regelmäßig durch Privathalter nachgezüchtet oder legal importiert werden, dass es keinen Sammeldruck auf wild lebende Populationen gibt. In diese Anlage 5 ist nun auch Python regius aufgenommen worden. Das bedeutet, Königspythons müssen der zuständigen Behörde nicht mehr gemeldet werden, es entfällt also die Anzeigepflicht bei Neukauf, Nachzuchten, Abgaben und Tod. Es sei jedoch ausdrücklich darauf hingewiesen, dass der Schutzstatus selbst erhalten bleibt. Nach wie vor also muss der Tierhalter auf Verlangen den rechtmäßigen Besitz nachweisen können. Man sollte sich daher bei jedem Kauf von Exemplaren dieser Art eine entsprechende Herkunfts- bzw. Nachzuchtbescheinigung vom Verkäufer geben lassen und diese auch aufbewahren.

dürfen ohne behördliche Genehmigung gehalten werden. Wirbeltiere müssen aber bei der zuständigen Landesbehörde angemeldet werden. Auch Bestandsveränderungen, wie Neuerwerb, Abgabe, Geburt oder Tod von Tieren, sind der Behörde sofort zu melden. Beim Umzug des Halters ist die neue Adresse dem Landesamt umgehend mitzuteilen, beim Umzug in ein anderes Bundesland sind die Tiere beim jeweiligen Landesamt ab- bzw. anzumelden. Für den Besitzer von Anhang-B-Arten besteht eine Nachweispflicht des rechtmäßigen Erwerbs der Tiere gegenüber der Landesbehörde. Aus diesem Grund sind sämtliche Belege über den Erwerb stets aufzubewahren. Beim Verkauf der Tiere muss man die Sachkunde des zukünftigen Halters und die Voraussetzungen für eine artgemäße Haltung überprüfen. Außerdem soll bei der Abgabe eine Bescheinigung ausgestellt werden, die den deutschen und wissenschaftlichen Artnamen, eventuelle Kennzeichen der Tiere, Geburtsdaten, wenn möglich das Geschlecht der Tiere, den Namen und die Anschrift des Züchters und den Namen und die Anschrift des neuen Besitzers enthält. Züchter und neuer Halter bekommen jeweils ein Exemplar dieser Bescheinigung. Beim Ab- sowie beim Anmelden bei der zuständigen Landesbehörde ist eine Kopie beizulegen. Die Ein- und Ausfuhr innerhalb der Europäischen Gemeinschaft ist genehmigungsfrei. Die Einfuhr aus Drittstaaten ist jedoch für Anhang-B-Arten genehmigungspflichtig. Genehmigungen erteilt das Bundesamt für Naturschutz. Zusätzlich müssen Ausfuhrdokumente des Herkunftslandes vorliegen. Für die Ausfuhr von Anhang-B-Arten in Drittstaaten ist eine Ausfuhrgenehmigung beim Bundesamt für Naturschutz zu beantragen. Ein- und Ausfuhrdokumente sind höchstens sechs Monate gültig. Die Bundesartenschutzverordnung setzt die EU-Artenschutzverordnung in Bundesdeutsches Recht um.

Gefahrenabwehrrecht
– der Königspython als „gefährliches Tier"

Neben den allgemeinrechtlichen Vorschriften unterliegt die Haltung gefährlicher Tiere in acht Bundesländern zusätzlichen speziellen Regelungen. Nun sind Königspythons natürlich alles an-

In manchen Bundesländern ein „gefährliches Tier": Der Königspython   Foto: H. Kirk

Königspythons werden in großer Zahl aus Afrika exportiert. Foto: B. Love/Blue Chameleon Ventures

dere als gefährlich. Leider fallen sie juristisch durch die undifferenzierten Verordnungen in einigen Bundesländern dennoch darunter. Eine ausführliche Darstellung kann bei RÖSSEL (2000) nachgelesen werden.

In Berlin sind von der Verordnung zur Haltung „gefährlicher Tiere wildlebender Arten" sämtliche Riesenschlangen (Boidae) erfasst, zu denen nun einmal auch *Python regius* zählt. Die Haltung ist grundsätzlich untersagt; eine Genehmigung soll nur dann erteilt werden, wenn gegen die Zuverlässigkeit des Tierhalters keine Bedenken bestehen, eine artgerechte Unterbringung der Tiere gewährleistet ist und auch sonst keine Tatsachen bekannt sind, aufgrund derer eine Gefährdung der öffentlichen Sicherheit anzunehmen ist. In der Praxis wird eine solche Ausnahmegenehmigung für Königspythons allerdings relativ unkompliziert vergeben.

Eine ähnliche Regelung gilt in Bremen; auch hier sind pauschal alle Boidae als gefährlich eingestuft. Ebenso wie in Berlin gilt hier ein grundsätzliches Haltungsverbot, von dem nur dann Ausnahmen zugelassen werden, wenn die ausbruchsichere Haltung gewährleistet ist und die tier- und artenschutzrechtlichen Bestimmungen eingehalten werden. Außerdem muss der Halter die notwendige Sachkunde nachweisen. Wie dies zu geschehen hat, bleibt der zuständigen Behörde überlassen. Die DGHT bietet seit 2001 einen Sachkundenachweis an (Informationen bei der Geschäftsstelle der DGHT). Man sollte vorher mit der Behörde verabreden, dass dieser für die Genehmigung zur Haltung von Königspythons ausreicht. Man kann dann normalerweise sehr unkompliziert eine entsprechende Prüfung ablegen. Diese wird inzwischen regelmäßig von Terrarienvereinen, einzelnen Prüfern oder auf Terraristik-Veranstaltungen wie Tagungen oder Börsen angeboten. Informationen hierzu ebenfalls über die Geschäftsstelle der DGHT oder die Homepage www.sachkundenachweis.de.

In Mecklenburg-Vorpommern gibt es seit 1998 im Naturschutzrecht einen Passus zur Haltung „fremder wildlebender Arten, die Menschen lebensgefährlich werden können, insbesondere von (...) Krokodilen, Riesen- und Giftschlangen." Da diese Regelung besonders unklar ist und die Interpretation nahelegt, dass nur Riesenschlangen, die eben tatsächlich „Menschen lebensgefährlich werden können" gemeint sind, sollte sie für Königspythonhalter nicht greifen. Sicherheitshalber sollte man sich aber auch hier vorher erkundigen und zur Not die erforderliche Ausnahmegenehmigung einholen.

Im Saarland gelten zwar Giftschlangen nicht, dafür aber die Gattung *Python* insgesamt als gefährlich – eine besonders bizarre Verordnung. Zur Haltung ist hier lediglich die Genehmigung durch die zuständige Behörde vorgeschrieben, die im Fall von legal erworbenen *Python regius* eigentlich kein Problem darstellen sollte.

Die Regelungen der anderen Länder betreffen den Königspython nicht. Grundsätzlich ist angesichts der objektiven Ungefährlichkeit des Königspythons nicht damit zu rechnen, dass ein behördliches Verbot aufgrund der juristisch teils heftig kritisierten Verordnungen (RÖSSEL 2000) gerichtlich durchsetzungsfähig wäre. Zur Vermeidung von Schwierigkeiten sei aber Königspythonhaltern in Berlin, Bremen, Mecklenburg-Vorpommern und im Saarland empfohlen, sich vor der Anschaffung mit der zuständigen Behörde in Kontakt zu setzen.

Bestandssituation

Obwohl der Königspython auf Anhang II des Washingtoner Artenschutzübereinkommens steht, werden jährlich Tausende Tiere aus den Ursprungsländern nach Europa, Japan und in die USA exportiert (siehe Tabellen 6 u. 8). Hierbei handelt es sich ausschließlich um Ranching-Tiere (Erklärung siehe Kapitel Erwerb, S. 26) oder Wildfänge. Importe von Nachzuchten stammen hingegen nicht aus den Herkunftsländern, sondern aus den anderen „Verbraucherländern". Ihre Anzahl ist im Gegensatz zu den Farmtieren und Wildfängen minimal (siehe Tab. 7). Der Import von Wildfängen ist mit Sicherheit kategorisch abzulehnen. Zum einen halten sich Wildfangtiere oft schlecht in Gefangenschaft, verweigern die Nahrungsaufnahme und gehen dann nach kurzer Zeit zu Grunde, zum anderen schwächt das Abfangen von Tieren drastisch die Populationsstärke in der freien Wildbahn. Aber auch das so genannte Ranching ist kritisch zu betrachten. Zwar schützen die Einwohner in den Ursprungsländern die Königspythons sicherlich eher, wenn sie von ihnen finanziell profitieren können. Aber da nur wenige Familien in Westafrika mit Ranching-Projekten ihren Lebensunterhalt bestreiten, wird sich an der negativen Grundeinstellung vieler Menschen gegenüber den Schlangen nicht viel ändern. Außerdem gefährdet das Ranching bei einer Schlange mit

Tabelle 6 – Einfuhrzahlen lebender *Python regius* in die Bundesrepublik Deutschland in den Jahren 1989–1999
Quelle: CITES-Datenbank des Bundesamtes für Naturschutz

Jahr	Ursprungs-Land								
	Burkina Faso	Benin	Schweiz	Kamerun	Tschechien	Ghana	Guinea	Togo	USA
1989	--	--	--	--	--	449	--	1.679	--
1990	--	50	--	--	--	880	--	1.640	--
1991	--	--	--	--	--	1.219	--	2.020	--
1992	--	--	--	--	--	2.746	--	--	--
1993	--	300	--	--	--	2.763	--	--	--
1994	--	2.784	--	--	--	298	--	--	--
1995	--	900	--	--	--	1.597	--	--	--
1996	--	--	--	--	--	899	--	135	--
1997	--	--	--	--	--	572	650	100	4
1998	400	10	2	404	15	3.340	177	100	3
1999	2.087	--	--	--	--	4.220	--	50	127
Gesamt	2.487	4.044	2	404	15	18.983	827	5.724	134
	32.620								

Tabelle 7 – Herkunft der eingeführten lebenden *Python regius* in die Bundesrepublik Deutschland in den Jahren 1997–1999.
Quelle: CITES – Datenbank des Bundesamtes für Naturschutz

Herkunft	1997	1998	1999	1997–1999
C	4	30	127	161
R	300	2.090	3.275	5.665
W	1.022	2.331	2.182	5.535
Gesamt	**1.326**	**4.451**	**5.584**	**11.361**

C = Nachzuchten (in Gefangenschaft geboren)
R = Ranching-Tiere (stammen aus Eiern von der Natur entnommenen Weibchen, die nach der Eiablage wieder in die Natur ausgesetzt wurden)
W = Wildfang (der Natur entnommen)

einer durchschnittlichen Gelegegröße von vier bis 10 Eiern und einem vermutlich zweijährigen Reproduktionszyklus den Fortbestand der natürlichen Bestände. Die Argumentation, dass die Arbeitsplätze der in den Ranching-Farmen tätigen Menschen wichtiger seien, verschließt sich mir bei der geringen Anzahl von Beschäftigten in diesem Gewerbe. Weiterhin sollte man einmal überlegen, ob man aus dem Ranching nicht ein Farming machen sollte, wie es auf dem amerikanischen Kontinent bereits für den Grünen Leguan erfolgreich praktiziert wird. Beim Farming wird eine gewisse Anzahl von Zuchttieren in Gefangenschaft gehalten, und nur deren Nachzuchten werden exportiert. Auf Entnahmen von Tieren oder Gelegen aus der Natur wird gänzlich verzichtet. Das Argument, die Fütterung der adulten Königspythons bereite Schwierigkeiten und mache ein Farming unmöglich, ist nicht haltbar. Die erste Generation kann schließlich aus Ranching-Tieren, die in der Regel willig Futter annehmen, gestellt werden. Ab der zweiten Generation wären dementsprechend Naturentnahmen von trächtigen Weibchen nicht mehr nötig.

Ob es weiterhin zum Import von Wildfängen und geranchten *Python regius* kommt, entscheidet letztendlich der Konsument. Werden trotz ihres höheren Anschaffungspreises ausschließlich Nachzuchten erworben, werden Importeure, Händler und Betreiber von Ranching-Projekten umdenken müssen. Dies wäre eine Chance für die natürlichen Bestände des Königspythons. Im anderen Falle könnte der Fortbestand in der freien Wildbahn eines Tages der Vergangenheit angehören. Zumindest sollte man sich nicht allzu sehr wundern, wenn in den nächsten Jahren *Python regius* im Anhang I des Washingtoner Artenschutzübereinkommens erscheinen würde. Spätestens dann wäre es mit Wildfängen und Ranching vorbei. Muss es erst so weit kommen?

Tabelle 8 – Einfuhrzahlen lebender *Python regius* in die Bundesrepublik Deutschland, nach Großbritannien und in die USA in den Jahren 1995-1997.
Quelle: World Conservation Monitoring Centre, Cambridge

Einfuhrland	Bundesrepublik Deutschland	Großbritannien	USA
1995	2.497	2.596	122.602
1996	1.034	1.266	103.658
1997	1.326	703	99.714
Gesamt	**4.857**	**4.565**	**325.974**

Bestandssituation

Python regius, Comoé-Nationalpark (Elfenbeinküste) Foto: D. Mahsberg

Aus der „Schlangenkugel" schaut die vorgestreckte Schwanzspitze, die sich hin und her bewegt – um von „wichtigeren" Körperteilen abzulenken? Foto: D. Mahsberg

Danksagung

Hiermit möchte ich C. & D. Sutherland (USA), die mir ihre Tiere für die Fotos der Farbvarianten zur Verfügung gestellt haben, und D. Northcott (USA) für das Fotografieren dieser Tiere meinen ganz besonderen Dank aussprechen. Mein Dank für Aufnahmen gilt auch B. Love (USA), D. Schmidt (Schönow) und U. Manthey (Berlin). Weiterhin bin ich S. Hoffmann (Hamburg) für ein Angolapythonfoto, H. Kirk (Hamburg) für eine Reihe Fotos und das Überlassen eines Königspythongeleges zu Inkubationszwecken und D. Mahsberg (Würzburg) für die Zurverfügungstellung einiger Biotop- und Terrarienaufnahmen sowie zusätzlicher Informationen sehr verbunden. Besonders danke ich Prof. Dr. W. Böhme (Bonn) für das Geleitwort zu diesem Buch, einige Biotopfotos und die Möglichkeit, seine reichhaltige Bibliothek zu nutzen. H. Werning (Berlin) und K. Kunz (Speyer) bin ich für die kritische Durchsicht des Manuskriptes sowie Tipps und Anregungen sehr verbunden.

Außerdem bedanke ich mich bei A. und G. Kölpin (Norderstedt) für das Korrekturlesen des Textes und bei M. Döring-Hochet (Celle) für die Zeichnung eines Pythonschädels. Schließlich möchte ich G. Schüßler (Hasloh) für die aufopferungsvolle Arbeit am Computer, die konstruktive Kritik und die Geduld bei der Entstehung dieses Buches ausdrücklich meinen Dank aussprechen.

Special regards to D. Northcott (USA) for the photos of the color morphs and to C. and D. Sutherland (USA), the owners of the photographed color morphs, for the picture of their first Snowball.

Anhang

Adressen von Königspythonzüchtern und Termine für Terrarienbörsen findet man:
- in der REPTILIA, Terraristik-Fachmagazin Natur und Tier - Verlag GmbH
An der Kleimannbrücke 39/41, D-48157 Münster
Tel.: 0251/143953 Fax: 0251/143955
www.ms-verlag.de   E-Mail: verlag@ms-verlag.de
- im „Anzeigen Journal" der Deutschen Gesellschaft für Herpetologie und Terrarienkunde; zu beziehen über: DGHT- Geschäftsstelle
Postfach 1421, D-53351 Rheinbach
Tel.: 02225/703333 Fax: 02225/703338
www.dght.de   E-Mail: gs@dght.de
Weiterhin erhält man unter dieser Anschrift Adressen von reptilienkundigen Tierärzten.

Stadtgruppen der DGHT
Hier finden in der Regel interessante Diavorträge zu verschiedenen terraristischen Themen statt, und man bekommt Kontakt zu anderen Terrarianern vom Anfänger bis zum Experten und mit Sicherheit auch zu Haltern von *Python regius*.

Untersuchungsstellen für Kotproben, Abstriche, verendete Tiere etc., z. B.:
- GEVO Diagnostik, Jakobstr. 65, D-70794 Filderstadt
- Universität München, Institut für Zoologie, Fischereibiologie und Fischkrankheiten der tierärztlichen Fakultät, Kaulbachstr. 37, D-80539 München
- Justus-von-Liebig-Universität Gießen, Institut für Geflügelkrankheiten, Frankfurter Str. 87, D-35392 Gießen.
- Exomed - Am Tierpark 64, 10319 Berlin

Ein- und Ausfuhrgenehmigungen für Anhang-A- und -B-Arten
Bundesamt für Naturschutz
Konstantinstraße 110, D-53179 Bonn
erteilt Genehmigungen für die Ein- und Ausfuhr gegenüber Drittstaaten

Weitere Internet-Adressen:
www.kingsnake.com
www.ballpython.com

Literaturverzeichnis

BARBIAN, A. (1992): Beobachtungen bei der Eingewöhnung und Futteraufnahme bei *Python regius* (SHAW 1802). – Sauria 14 (1): 9–10.

BARLOW, A. (1994): A breeding success with the Royal Python. – Reptilian 2 (10): 19–21.

BROGHAMMER, S. (2001): Königspythons: Lebensraum, Pflege und Zucht. – Villingen-Schwenningen (M & S Verlag), 80 S.

BUNDESMINISTERIUM für Ernährung, Landwirtschaft und Forsten, Referat Tierschutz (1997): Mindestanforderungen an die Haltung von Reptilien. – Bonn, 78 S.

CANSDALE, G.S. (1961): West African Snakes. – London (Longman), 74 S.

CITES SECRETARIAT (1997): Survey of the status and management of the royal python (*Python regius*) in Ghana.

CONANT, R. (1993): The Oldest Snake. – Bull. Chicago Herp. Soc. 28 (4): 77–78.

DÄRR, E., Hrsg.(1999): Westafrika; Band 2: Küstenländer. – Fernwald / Annerod (Prolit Buchvertrieb GmbH), 800 S.

DICK, A. (1994): *Python regius* – Gedanken zur Haltung und Zucht. – DATZ 47 (12): 776–777.

DIRKSEN, L. & M. AULIYA (2001): Zur Systematik und Biologie der Riesenschlangen (Boidae). – DRACO 2 (1): 4–19.

EISENBERG, T. (2001a): Milben. – REPTILIA, Münster, 6(3): 84–85.

– (2001b): Milben an Bartagamen – totale Verwirrung bei der Halterin. – REPTILIA, Münster, 6(6): 92–93.

GREER, G.C. (1994): Nest Sites of royal Pythons in West Africa.– Reptile & Amphibian Magazine, July/Aug. 1994: 44–55.

GUND, W. (2001): Bericht über dreifache Zwillingsgeburt bei *Python regius*. – Elaphe (Neue Folge) 9 (1): 24.

HACKBARTH, H. & A. LÜCKERT (2000): Tierschutzrecht – Praxisorientierter Leitfaden. – München; Berlin (Verlagsgruppe Jehle Rehm GmbH), 251 S.

JESS, H. (1955): *Python regius*, der Königspython. – DATZ 8 (10): 273–274.

– (1992): Schlüpfende Königspythons. – DATZ 45 (12) : 758.

KEOGH, J.S., D.G. BARKER & R. SHINE (2001): Heavily exploited but poorly known: systematics and biogeography of commercially harvested pythons (*Python curtus* group) in Southeast Asia. – Biol. J. Linn. Soc., London, 73: 113-129.

KILIAN, J. (2001): Nachzucht von *Python regius* (SHAW, 1802) bei Bebrütung des Geleges durch das Muttertier. – Elaphe (Neue Folge) 9 (1): 10–14.

KIRSCHNER, A. (1995): *Python regius* (SHAW). – Sauria, Suppl., 7 (3): 345–348.

– (2001a): Quo vadis, Boa regia? – DRACO 2 (1): 40–42.

– (2001b): Der Königspython (SHAW, 1802). – DRACO 2 (1): 43–47.

KIRSCHNER, A. & A. OCHSENBEIN (1988): Beobachtungen zu Haltung und Nachzucht von *Python regius* (SHAW, 1802). – Salamandra 24 (4): 193–202.

KIRSCHNER, A. & H. SEUFER (1999): Der Königspython: Pflege, Zucht und Lebensweise. – Keltern – Weiler (Kirschner & Seufer Verlag), 102 S.

KÖLPIN, T. (2001): Kommentkampfverhalten der Mexikanischen Königsnatter. – REPTILIA 6 (3): 36–41

LEHMANN, C. & K. - P. LEHMANN (1983): Haltung und Vermehrung des Königspythons, *Python regius*, im Terrarium. – Aquarien Terrarien 30: 100–103.

– (1985): Husbandry and breeding of the ballpython, *Python regius*, in the terrarium. – Litt. Serp. 5 (2): 64–68.

LUISELLI, L. & F. M. ANGELICI (1998): Sexual size dimorphism and natural history traits are correlated with intersexual dietary divergence in royal pythons (*Python regius*) from the rainforests of southeastern Nigeria.– Ital. J. Zool. 65: 183–185.

LUISELLI, L., AKANI, G.C. & D. CAPIZZI (1998): Food resource partitioning of a community of snakes in a swamp rainforest of southeastern Nigeria. – J. Zool., London, 246: 125–133.

MANTEUFEL, D. (1990): Nahrungsspezialisierung als Ursache von Eingewöhnungsschwierigkeiten eines *Python regius* (SHAW 1802). – Salamandra 26 (4): 314–315.

MARTIN, A. (1998): Captive breeding and maintenance of the Royal Python (*Python regius*). – British Herp. Soc. Bull. 64: 15–20.

MATTISON, C. (1999): Die Schlangen-Enzyklopädie: alle Arten der Welt; Merkmale, Verbreitung, Biologie. – München; Wien; Zürich, (BLV Verlagsgesellschaft mbH), 192 S.

MIEROP, L.H.S. VAN & E. L. BESSETTE (1981): Reproduction of the Ball Python, *Python regius*, in captivity. – Herp. Review 12 (1): 20–22.

RÖDEL, M.O., GRABOW, K. BÖCKHELER, C. & MAHSBERG, D. (1995): Die Schlangen des Comoé-Nationalparks, Elfenbeinküste (Reptilia: Squamata: Serpentes). – Stuttgarter Beitr. Naturk. Ser. A (528): 1–18.

RÖDEL, M.O., KOUADIO, K. & MAHSBERG, D. (1999): Die Schlangenfauna des Comoé-Nationalparks, Elfenbeinküste: Ergänzungen und Ausblick. – Salamandra 35 (3); 165–180.

RÖDEL, M.O. & MAHBERG, D. (2000): Vorläufige Liste der Schlangen des Tai-Nationalparks/Elfenbeinküste und angrenzender Gebiete. – Salamandra 36 (1): 25–38.

RÖSSEL, D. (2000): Rechtsfragen bei der Haltung von Reptilien. - S. 30-49 in: Rauh, J.: Grundlagen der Reptilienhaltung. - Münster (Natur und Tier - Verlag), 215 S.

ROMER, A. S.& T. S.PARSONS (1991): Vergleichende Anatomie der Wirbeltiere. – Hamburg; Berlin (Verlag Paul Parey), 624 S.

ROMER, J. D. (1953): Reptiles and Amphibians collected in the Port Hartcourt area of Nigeria. – Copeia 2: 121–123.

ROSS, R. & G. MARZEC (1994): Riesenschlangen, Zucht und Pflege. – Ruhmannsfelden (bede-Verlag GmbH), 247 S.

SHAW, C. E. (1957 a): Longevity of snakes in captivity in the United States as of January 1, 1956. – Copeia 6 (1): 50.

– (1957 b): Longevity of snakes in captivity in the United States as of January 1, 1957. – Copeia 6 (4): 310.

– (1958): Longevity of snakes in captivity in the United States as of January 1, 1958. – Copeia 7 (1): 221.

STORCH, V. & U. WELSCH (1991): Systematische Zoologie. – Stuttgart; New York (Gustav Fischer Verlag), 731 S.

TRUTNAU, L. (1988): Schlangen im Terrarium, Band 1. – Stuttgart (Verlag Eugen Ulmer), 256 S.

VERGNER, I. (1994): Nachzucht des Königspythons, *Python regius*. – DATZ 47 (12): 777–778.

VILLIERS, A. (1975): Les Serpentes de L'Quest African – IFAN, Initiations et Étud. afr. II. Dakar (3eme ed.): 195 S.

VOSJOLI, P. DE, KLINGENBERG, P. J., BARKER, T. & D. BARKER (1994): The Ball Python Manual. – Lakeside, California (Advanced Vivarium Systems), 78 S.

WAREHAM, D. (1993): The captive husbandry of the Royal Python. – Reptilian 1 (10): 11–18.

WEHNER, R. & W. GEHRING (1990): Zoologie. – Stuttgart; New York (Georg Thieme Verlag), 816 S.

WENGLER, W. (1994): Riesenschlangen. – Münster (Natur und Tier - Verlag), 160 S.

– (1997): Der Königspython, *Python regius*. – REPTILIA 2 (6): 49–52.

Bücher für Ihr Hobby

Preiswert und in rundum hoher Qualität

Art für Art stellen Ihnen die Bücher dieser Reihe die beliebtesten Terrarientiere vor. Jeder Band bietet detaillierte, praxisnahe Pflegeanleitungen, und Sie finden alle Informationen, die Sie brauchen, um Ihre Tiere erfolgreich zu vermehren. Wichtige Fragen, von der erforderlichen Beckengröße über die Terrarieneinrichtung, die technische Ausstattung, die artgerechte Ernährung bis zur Vorbeugung von Krankheiten, werden mit zahlreichen Tricks und Kniffen beantwortet. Erfahrene, langjährige Züchter verraten, wie Sie die Tiere zur Fortpflanzung bewegen und die Jungtiere gesund aufziehen können.

    Das alles durchgängig farbig, großzügig bebildert und attraktiv gestaltet nur über Ihr Terrarientier – Art für Art!

**Der Königspython • *Python regius*
René Bonke**

64 Seiten, 55 Farbfotos
Format: 14,8 x 21 cm
ISBN 978-3-86659-118-9
14,80 €

Natur und Tier - Verlag GmbH
An der Kleimannbrücke 39/41 · 48157 Münster
Telefon: 0251-13339-0 · Fax: 0251-13339-33
E-Mail: verlag@ms-verlag.de

www.ms-verlag.de

NTV — Bücher für Ihr Hobby

Rautenpythons
Morelia bredli, *Morelia carinata* und der *Morelia-spilota*-Komplex
M. Mense
2. überarbeitete und erweiterte Ausgabe
216 Seiten
224 Farbfotos
Format 17,5 x 23,2 cm
Hardcover
ISBN 978-3-86659-234-6
39,80 €

 Auch in Englisch lieferbar

Boa constrictor (Die Abgottschlange)
S. Binder, A. Lamp
208 Seiten, 190 Farbfotos, 2 Grafiken, 9 Verbreitungskarten
Format 17,5 x 23,2 cm Hardcover
ISBN 978-3-931587-91-8
39,80 €

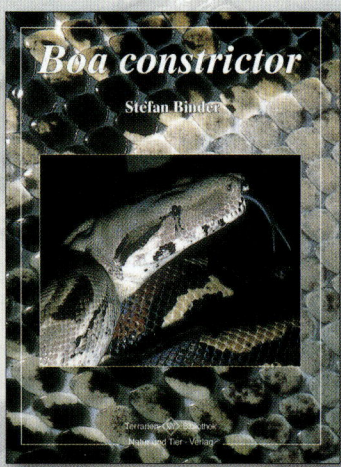

Boa constrictor
S. Binder
96 Seiten, 89 Farbfotos,
1 Tabelle, 2 Grafiken,
11 Verbreitungskarten
Format: 16,8 x 21,8 cm
ISBN 978-3-931587-57-4
24,80 €

Tigerpythons
H. Bellosa
2. überarbeitete und erweiterte Ausgabe
120 Seiten, 94 Farbfotos, 15 Zeichnungen,
7 Diagramme, 12 Tabellen, Format 16,8 x 21,8 cm
ISBN 978-3-86659-225-4
24,80 €

Natur und Tier - Verlag GmbH
An der Kleimannbrücke 39/41 · 48157 Münster
Telefon: 0251-13339-0 · Fax: 0251-13339-33
E-Mail: verlag@ms-verlag.de

www.ms-verlag.de